그리스도인이면 꼭
알아야 할 성경 지식

아모스

하나님을 만날 준비를 하라

서울솔로몬학교 성경연수원

차 례

제 1 과 불로 심판받는 이방 민족들 (1장) / 5

제 2 과 하나님의 사랑을 잊은 유다와 이스라엘 (2장) / 15

제 3 과 감찰하는 날에 꺾일 벧엘 제단의 뿔들 (3,4장) / 25

제 4 과 주 하나님을 찾으라 (5장) / 39

제 5 과 남왕국 유다가 책망받는 이유 (6장) / 51

제 6 과 이스라엘을 위해 중보하는 아모스 (7장) / 63

제 7 과 주의 말씀들을 듣지 못하는 기근 (8장) / 77

제 8 과 무너진 다윗의 장막의 회복 (9장) / 87

이 책에 인용된 성경 구절은 〈한글킹제임스성경〉입니다.

제 1 과

불로 심판받는 이방 민족들

(1장)

『그가 말하였도다. **주**께서 시온에서부터 포효하시며 예루살렘에서부터 그의 음성을 내시리니 목자들의 처소들은 애통하며 칼멜 산 꼭대기는 마르리라』(암 1:2).

"아모스"는 어떤 책인가?

"성경"의 전체 주제는 "왕국"이다. "구약 성경"의 주제는 "재림"인데, "소선지서"가 "재림"에 관해 집중적으로 다루고 있다. "초림에 관한 예언들"도 일부 나오지만, 95% 이상이 "재림에 관한 예언들"이다. 특히 "아모스"는 "재림의 여정과 주변 이방 민족들에 대한 심판"을 조명하고 있다.

선지자 "아모스"가 활동한 시기는(B.C. 782-763), "남왕국 유다"의 "웃시야왕"과, "북왕국 이스라엘"의 "여로보암 2세" 때이다. **『유다의 웃시야왕의 때요, 이스라엘의 요아스왕의 아들 여로보암의 때 지진이 나기 이 년 전에 트코아의 목동들 가운데 있었던 아모스의 말씀들로, 그가 이스라엘에 관하여 본 것이라』**(암 1:1). 본래 "아모스"는, "남왕국 유다"의 작은 마을 "트코아"의 "목동"으로, "뽕나무 열매를 거두는 자"였다(암 7:14). 그런 "아모스"를 하나님께서 부르신 것인데, "하나님의 부르심"(Divine Calling)에는 "어떤 제한"도 없기 때문이다. 하나님께서 누군가를 쓰시겠다고 하면, 언제든, 그 누구라도 쓰실 수 있는 것이다.

이렇듯 "아모스"는 "남왕국 유다"에 속한 선지자였지만, 주로 "북왕국 이스라엘"을 향해 책망하고 예언했다. 그의 이름은 "짐, 부담, 짐을 지우다, 부담을 주다"는 뜻을 갖고 있는데, 그만큼 "아모스"가 선포한 책망의 메시지는, 하나님과 율법을 거역한 백성들이 듣기에 상당히 부담스럽고 괴로운 메시지였을 것이다(cf. 렘 23:36-40).

"대환란의 재앙"과 "예수 그리스도의 재림"(1,2절)

『유다의 웃시야왕의 때요, 이스라엘의 요아스왕의 아들 여로보암의 때 지진이 나기 이 년 전에 드코아의 목동들 가운데 있었던 아모스의 말씀들로, 그가 이스라엘에 관하여 본 것이라. 그가 말하였도다. **주께서 시온에서부터 포효하시며 예루살렘에서부터 그의 음성을 내시리니 목자들의 처소들은 애통하며 칼멜 산 꼭대기는 마르리라**』(암 1:1,2).

위 구절들에서 "대환란 및 재림"에 관한 "세 가지 중요한 사실"을 발견할 수 있는데, **우선 "대환란" 기간에 이 땅에 내려질 재앙인 "문둥병"을 보게 된다**. "웃시야"(1절)는 "남왕국 유다"의 "세 번째 개혁"을 주도한 왕이지만, 말년에 교만해져서 "마땅히 해서는 안 될 일"을 저지르게 된다. "제사장들이 수행하는 분향의 임무"를 행하려고 "성전 제단"으로 들어간 것인데, 결국 그가 분향하기 위해 "향로"를 붙잡았을 때, 그의 이마에 "문둥병"이 생기고 말았다. "문둥병"은 대환란 기간에 "짐승의 표"를 받고 "짐승의 형상"에 경배한 자들에게 생기는 질병이다. 『**그러므로 첫째가 가서 자기 호리병을 땅에 쏟으니 그 짐승의 표를 가진 자들과 그의 형상에 경배한 자들 위에 악취가 나는 심한 헌데가 생기더라**』(계 16:2, cf. 유 1:23).

두 번째 사실은 "지진"이다. 마태복음 24:7에서는 "재림에 관한 시대적인 표적"으로 "지진이 극심해질 것"이라고 말씀한다. 2010년에서 2020년까지 전 세계적으로 최소 12,500건에서 최대 17,500건의 지진이 보고되었고, "지진 강도"가 "5 이상"을 넘는 수많은 강진들이 1900년 이후로 10년마다 두 배씩 증가하고 있다. "대환란 기간"에는 더 극심해진다. 『**또 같은 시간에 큰 지진이 일어나서 도성[바티칸]의 십분의 일이 무너지니 그 지진으로 죽은 사람들이 칠천 명**

이었더라』(계 11:13). 『**큰 지진이 일어났는데, 그 지진이 너무도 엄청나서 사람이 땅에 거주한 이래로 그처럼 강력하고 큰 지진은 일찍이 없었더라. 또 그 큰 도성이 세 부분으로 갈라지고 민족들의 성읍들도 붕괴되며... 모든 섬이 사라지고 산들도 보이지 아니하더라**』(계 16:18-20).

특히 예수 그리스도께서 이 땅에 재림하실 때 "엄청난 지진"과 "산사태"가 동반될 것이다(미 1:3,4). 『**그의 발이 그 날에 예루살렘 앞 동편에 있는 올리브 산 위에 서시리니, 올리브 산은 그 중간이 동쪽과 서쪽으로 갈라져 매우 큰 골짜기가 생길 것이며, 산의 절반은 북쪽으로, 산의 절반은 남쪽으로 옮겨지리라. 너희는 산들의 골짜기로 도망하리니, 이는 산들의 골짜기가 아살까지 미칠 것임이라. 정녕 너희가 도망하리니, 마치 유다의 웃시야왕의 시대에 너희가 지진 앞에서 도망했던 것과 같으리라. 주 나의 하나님께서 오시리니, 모든 성도들이 주와 함께하리이다**』(슥 14:4,5). 이것은 재림 때 이스라엘 땅에 "엄청난 지진"과 "실제적인 지각 변동"이 일어날 것이라는 점을(사 40:4) 보여 주는데, 이는 그 지진을 "웃시야왕" 때 일어났던 "실제적인 지진"(암 1:1)과 비교하고 있기 때문이다.

<u>세 번째 중요한 사실로 "유다 지파의 사자"(계 5:5)이신 예수 그리스도의 "맹렬한 포효"를 볼 수 있다</u>. 요한계시록 10:3에서는 "힘센 천사"로 나타나신 "주 예수 그리스도"께서 『**사자가 포효하는 것처럼 큰 음성으로 외치니, 그가 외칠 때 일곱 천둥이 소리를 발하더라.**』라고 말씀하는데, 이것은 "주님께서 이 세상의 땅과 바다를, 그리고 모든 왕국과 민족들을 이제 곧 접수하러 오시겠다"는 "장엄한 선언"이요 "위엄 있는 무서운 선전 포고"다(욜 2:1,11; 3:14-16). 이제 이 무시무시한 "선전 포고"를 하신 "예수 그리스도"께서는 『**용사같이 나가시어 전사와 같이 투기를 일으키시고 부르짖으며, 정녕 포효하여 그의 원수들을 쳐서 승리**』(사 42:13)하실 것인데, "아모스 1:3-2:3"에서 "이스라엘의 주변 이방 민족들"을 심판하시고 진멸시키시는 것이다.

주변 "이방 민족들"에 대한 "심판"(3-15절)

열거된 순서로 보면, 가장 먼저 "다마스커스"를 심판하시고(3-5절), 그다음은 "가자"(6-8절), "투로"(9,10절), "에돔"(11,12절), "암몬"(13-15절), "모압"(2:1-3)의 순서로 심판하신다. **이러한 "심판"은 "역사적인 사건들"에만 국한되지 않고, "예언의 이중적인 속성"에 따라, "미래의 재림 때 있을 심판"에도 적용되는데, "아마겟돈 전쟁"과 더불어 "이스라엘 주변 국가들"이 심판받고 멸망당하는 사건에 적용할 수 있는 것이다.** 특히 『**칼멜 산 꼭대기는 마르리라.**』(암 1:2)라는 말씀은 예수 그리스도의 재림 때 "적그리스도의 군대," 곧 "UN의 2억 명의 군대"(계 9:16)가 진멸될 "아마겟돈 전쟁"을 상기시켜 주는데, 이는 "아마겟돈"이 "지중해"와 인접한 "칼멜 산"에서 "갈릴리 바다"까지 이르는 "거대한 평원"이기 때문이다.

이스라엘 주변의 이방 민족들이 심판을 받는 "가장 근본적인 이유"는, 그들이 하나님의 백성인 "이스라엘"을 대적하고, 억압하고, 박해하고, 괴롭히고, 심지어 그 백성들을 다른 민족들에게 팔아넘겼다는 데 있다. "이스라엘을 잘 대우하고 보호해 주었는가, 아니면 박해하고 괴롭혔는가"와 밀접한 연관이 있는 것이다. 이러한 "심판의 근거"는, "이방인들이 이스라엘을 잘 대접하면 복을 받고, 이스라엘을 괴롭히면 저주를 받는다"는 "아브라함의 언약"(창 12:1-3)에 기초하고 있다. 마태복음 25장의 "민족들의 심판"도 "아브라함의 언약"을 기반으로 하고 있다. 특히 "아브라함의 언약"이 언제나 유효하다는 사실은 "아브라함" 이래로 지난 4천 년간의 인류 역사가 증명해 준다.

이스라엘을 괴롭히고 억압한 "이방 민족들의 죄악"을 보다 구체적으로 살펴보면, "다마스커스"는 『**철로 된 타작 기계로 길르앗을 타작**』(3절)했고, "가자"는 이스라엘 백성을 "포로"로 『**사로잡아 에돔에**』(6절) 넘겼다(cf. 대하 28:16-19). "투로" 역시 이스라엘 백성을 "포로"로 사로잡아 "에돔인들"에게 넘겼으며(9절,

cf. 욜 3:2,3), 특히 『**형제의 언약**[삼하 5:11, 왕상 5:1]**을 기억하지**』(9절) 않았다. "에돔"의 "죄"는 "투로"처럼 "형제의 언약"을 지키지 않은 것과 연관이 있다. 『**주가 이같이 말하노라. 에돔의 서너 가지 죄과들로 인해 내가 그 벌을 돌이키지 아니하리니 이는 그가 칼로 그의 형제를 쫓았고 모든 연민을 버렸으며 항상 그의 분노를 터뜨렸고 그의 진노를 영원히 간직하였음이라**』(11절). "에돔"은 "야곱"(이스라엘)의 형 "에서"의 후손들이다. 하지만 "에돔"은 이스라엘과 "형제지간"이면서도 적들의 편에 서서 "이스라엘"을 돕지 않았다. "에돔"의 죄에 관해서는 소선지서 "오바댜"에서 보다 더 자세하게 설명하고 있다(옵 1:10-14). "암몬"은 『**그들의 경계를 넓히려고 길르앗의 아이 밴 여인들의 배**』(13절)를 가르는 "잔인한 죄"를 저질렀다. 사실 이러한 "잔인성"은 "로마카톨릭"이 성경대로 믿는 그리스도인들을 고문하고 죽인 것에 비하면 아무것도 아니다. "모압"은 한때 이스라엘과 동맹한 적이 있는(왕하 3:9) 『**에돔 왕의 뼈들을 불살라 석회로**』(암 2:2) 만들었다(cf. 왕하 3:26,27).

결국 "이방 민족들"은 그들의 죄로 인해 "심판"을 받는데, 모두 다 하나님께서 보내시는 "불"로 심판을 받게 된다. 우선 "다마스커스"(시리아)를 "불"로 심판하시고(4절), "가자"(가자 지구, 팔레스타인 사람들)를 심판하시며(7절), "투로"(레바논, 10절), "에돔"(요르단, 12절), "암몬"(요르단, 14절), "모압"(요르단, 암 2:2) 등을 심판하셔서 "불"로 궁전들을 삼키게 하고 태우시는 것이다. 『**그 불이 전쟁의 날에 외침과 회오리바람의 날에 폭풍과 더불어 그 궁전들을 삼키리라**』(14절). 태풍, 쓰나미, 화산 폭발, 기근, 지진, 흉작, 가뭄, 산사태 등이 우연히 일어난다고 생각해서는 안 된다. 하나님께서 어떤 나라에 전쟁과 재앙을 일으키시는 것은, 그곳의 죄인들을 심판하시기 위한 엄중한 조치임을 기억해야 한다. 성경을 모르는 민족은 망한다! 하나님을 모르는 민족은 망한다! 특히 "불"로 철저하게 심판받고, 파괴되고, 무너지고, 멸망하고, 궁극적으로는 "지옥 불"로 던져지는 것이다(시 9:17, 잠 14:34).

재림의 "경로"

이스라엘 주변의 이방 나라들에게는 몇 가지 공통점이 있는데, 첫째, 이들은 하나님의 백성인 "이스라엘 민족"을 괴롭히고 박해하는 민족들이다. 사실 이러한 "죄들" 때문에 "불"로 심판을 받는 것이다(암 1,2장). 특히 예수 그리스도께서 이 땅에 재림하시어 그들을 치실 때, 그들의 "주요 도시들"이 "불바다"가 된다. 오늘날 이들 대부분의 나라들이 "석유가 많이 나는 국가들"인 것을 감안하면, "그들이 불로 심판을 받는다는 예언"은 나름대로 의미가 있는 것이다. **둘째, 오늘날 이들 대부분의 국가들은 구성원들이 "마호메트"를 믿는 "이슬람교 아랍인들"이다**. "구약 성경 시대"에는 주로 "바알"의 이름으로 하나가 되어 "이스라엘"을 괴롭히더니, 지금은 "알라"의 이름으로 하나로 뭉쳐 "이스라엘"을 괴롭히고 있는 것이다. 그러나 하나님께서는 그들의 나라들과 도시들을 "불"로 심판하고 태워버리신 이후, 그분의 백성인 "이스라엘"에게 "유업"으로 주실 것이다. 재림 때 "이들 나라들의 땅"이 "아브라함의 언약"에 따라 "이스라엘 땅"이 되는 것이다.

"재림" 때 예수 그리스도께서는 "올리브 산"에 서시기 전에(슥 14:4) "주변 청소"부터 하실 것이다. "화염 방사기"(욜 2:5,6)로 온 땅을 휘젓고 다니시듯(사 30:30,33), "불"로 "사전 주변 청소"를 진행하시는 것이다. 특히 "재림의 경로"를 볼 때, "하나의 경로"는 남쪽의 "시내 산"에서 시작하여 위로 올라가 "에돔," "모압," "암몬"을 거쳐 "유다"에 이르는 길이 될 것이고, "다른 경로"는 북쪽의 "다마스커스"로부터 시작하여 "투로"와 "시돈"을 거쳐 내려가서 "필리스티아"와 "이스라엘"에 이르는 길이 될 것이다. 그러니까 "아마겟돈 전쟁"은, "갈멜 산"과 "므깃도"(슥 12:11)가 가장 핵심적인 전쟁터가 되겠지만, 엄밀히 말하면 "시내 산"과 "보스라"에(합 3:1-14) 이르기까지 오늘날의 "팔레스타인 땅" 전 지역이 포함된다.

이 넓은 지역에 동시다발적으로 전쟁과 심판이 행해질 때, 『**그 포도즙 틀이 도성 밖에서**』 짓밟혀, 『**그 틀에서 피가 흘러 나와 말고삐까지 닿고 일천육백 스타디온까지**』 퍼질 것을(계 14:20) 상상해 보라! 그야말로 "대대적인 살육"이 벌어질 것이다. 그래서 성경은 "주의 날"을 "진노의 날"이라고 말씀한다. 그날은 무시무시한 "심판의 날"이 될 것이다. "적그리스도의 멸망의 날"이요, "국제연합 UN의 최후의 날"이자, "모슬렘들의 마지막 날"이 될 것이다. 성경은 "역사책"이다. 인류의 과거와 현재는 물론, 미래에 관해 미리 기록한 역사책이다. 누가 "현명한 사람"인가? 성경의 예언을 문자 그대로 믿는 사람이다. "성경을 믿지 않는 사람들"만 손해를 보는 것이다.

MEMO

■ 새롭게 깨달았거나 적용할 내용이 있다면 적어 보세요. ■

NOTES

NOTES

제 2 과

하나님의 사랑을 잊은 유다와 이스라엘 (2장)

『또 내가 너희 아들들 가운데서 선지자들을 너희 청년들 가운데서 나실인들을 일으켰도다. 오 너희 이스라엘 자손들아, 과연 그렇지 아니하냐? **주**가 말하노라』(암 2:11).

"이스라엘의 동맹"을 공격한 모압의 죄(1-3절)

『**주**가 이같이 말하노라. 모압의 서너 가지 죄과들로 인해 내가 그 벌을 돌이키지 아니하리니, 이는 그가 에돔 왕의 뼈들을 불살라 석회로 만들었음이라. 그러나 내가 모압에 불을 보낼 것이요, 그 불이 키리옷의 궁전들을 삼키리라. 모압은 소동과 외침과 나팔 소리와 더불어 죽으리라. 내가 그 가운데로부터 재판관을 끊을 것이요, 그와 함께 그 모든 고관들을 죽이리라. **주**가 말하노라』(암 2:1-3).

2장은 1장의 이방들에 대한 심판에 이어서 이스라엘에 대한 심판을 다룬다. 심판에 있어서도 이방과 이스라엘을 분리시키는데, 2장의 시작 부분은 "이스라엘의 동맹"인 "에돔"(왕하 3:9)을 공격한 모압에 대한 심판을 다룬다. 에돔은 이스라엘의 형제 민족이므로, 이것은 "이스라엘과 관련된" 심판임이 분명하며, "이스라엘에 대한 심판"을 다루는 2장의 성격과 일치한다. 주님께서는 이스라엘을 지키시는 일에 있어서 "이스라엘의 동맹"을 소홀히하지 않으신다. 『**보라, 이스라엘을 지키시는 그는 졸지도 아니하시고 주무시지도 아니하시리라. 주께서는 너를 지키시는 분이시니 주께서 네 우편에서 네 그늘이 되시는도다**』(시 121:4,5).

『**그러나 내가 모압에 불을 보낼 것이요, 그 불이 키리옷의 궁전들을 삼키리라. 모압은 소동과 외침과 나팔 소리와 더불어 죽으리라.**』(2절)라는 말씀은 유다 "이스카리옷"('크리옷의 사람')이 어디에서 나왔는지를 보여 준다. 『**크리옷과 보스라와 원근에 있는 모압의 땅의 모든 성읍들이라... 크리옷이 함락되고 요새들이 놀랐으니 그 날에 모압에서 용사들의 마음들이 진통중에 있는 여인의 마음같이 되리라**』(렘 48:24,41). 유다 이스카리옷은 함족인 "모압"의 피가 섞인 시리아계 혼혈 유대인이다.

유다와 이스라엘의 "서너 가지" 죄과들(4-8절)

『**주**가 이같이 말하노라. 유다의 서너 가지 죄과들로 인해 내가 그 벌을 돌이키지 아니하리니 이는 그들이 **주**의 율법을 멸시하였고 그의 계명들을 지키지 아니하였으며 또 그들의 거짓말들이 그들로 잘못하게 하였음이니 그들의 조상들이 행하였던 것을 따랐음이라. 그러나 내가 유다에 불을 보낼 것이요, 그 불이 예루살렘의 궁전들을 삼키리라. **주**가 이같이 말하노라. 이스라엘의 서너 가지 죄과들로 인해 내가 그 벌을 돌이키지 아니하리니 이는 그들이 은을 받고 의로운 자를 팔았으며 신 한 켤레에 가난한 자를 팔았고 가난한 자의 머리에 있는 땅의 티끌을 탐내어 온유한 자의 길을 굽게 하였으며 어떤 사람과 그의 아버지가 같은 여자에게 들어가고자 하여 나의 거룩한 이름을 더럽히며 또 그들이 모든 제단 옆에서 저당 잡힌 옷 위에 누우며 그들의 신전에서 죄인들의 포도주를 마시기 때문이라』(암 2:4-8).

아모스 2:4-8에서는 본격적으로 "유다의 서너 가지 죄과들"과 "이스라엘의 서너 가지 죄과들"을 다룬다. 『**유다의 서너 가지 죄과들**』(4절)은 『**그들이 주의 율법을 멸시하였고 그의 계명들을 지키지 아니하였으며 또 그들의 거짓말들이 그들로 잘못하게 하였음이니 그들의 조상들이 행하였던 것을 따랐음이라.**』(4절)라는 말씀에서 드러난다. 유다는 거짓 선지자들의 거짓말을 따름으로써 주의 계명을 버렸다. 『**내가 또한 예루살렘의 선지자들에게서도 끔찍한 일을 보았나니 그들이 간음하고 거짓말들로 행하는도다. 그들이 또 행악자들의 손을 튼튼히 하며 아무도 자기의 악함에서 돌이키지 아니하니 그들 모두가 내게는 소돔 같고 그곳 거민들은 고모라 같도다. 그러므로 선지자들에 대하여 만군의 주가 이같이 말하노라. 보라, 내가 그들을 쑥으로 먹이고 독이 든 물을 마시게**

하리니 예루살렘의 선지자들로부터 불경함이 온 땅으로 퍼져 나감이라. 만군의 주가 이같이 말하노라. 너희에게 예언하는 선지자들의 말에 경청하지 말라. 그들은 너희로 우쭐하게 하며 그들 자신의 마음의 환상을 말하고 주의 입에서 나온 것으로 아니하느니라. 그들은 나를 멸시하는 자들에게 여전히 말하기를 "주께서 말씀하시나니 너희가 평안하리라." 하며 또 그들은 자기 마음의 상상대로 행하는 모든 자들에게 말하기를 "재앙이 너희에게 오지 아니하리라." 하였도다』(렘 23:14-17). 『**주가 말하노라. 내 말이 불 같지 아니하냐? 바위를 부수어 조각내는 큰 망치 같지 아니하냐? 주가 말하노라. 그러므로 보라, 각기 자기 이웃으로부터 내 말들을 도둑질하는 선지자들을 내가 대적하노라. 주가 말하노라. 그들의 혀를 놀려 "그가 말씀하신다." 하는 그 선지자들을 내가 대적하노라. 주가 말하노라. 보라, 거짓 꿈들을 예언하고 그들에게 말하여 그들의 거짓말들과 헛된 자만으로 내 백성을 그릇되게 하는 자들을 내가 대적하노라. 내가 그들을 보내지도, 그들에게 명령하지도 아니하였으니 그들이 이 백성에게 전혀 유익이 없으리라. 주가 말하노라**』(렘 23:29-32). 유다는 주의 계명을 "이 보잘것없는 음식"(만나, 민 21:5)을 대하듯이 했고, "생명의 빵"(요 6:35,48)을 버리고 생명을 줄 수 없는 "가짜 성서들"을 택했다. 그들은 "한글킹제임스성경"을 버리고 "개역한글판성경"을 붙잡아 그것을 강론하는 "거짓 목사들"의 말을 믿었다. 주님께서는 그런 유다에게 불을 보내고 그 불이 예루살렘의 궁전들을 삼킬 것이라고 말씀하셨다(5절).

『**이스라엘의 서너 가지 죄과들**』(6절)은 "은을 받고 의로운 자를 판 죄"(은으로 재판관을 매수하여 재판을 왜곡함), "신 한 켤레에 가난한 자를 판 죄"[권리 증서로서 던져진 신을 주워(룻 4:7, 시 60:8) 가난한 사람의 재산을 빼앗음], "가난한 자의 머리에 있는 티끌까지 탐낼 정도로, 돈에 눈이 멀어 가난한 자의 땅 문서를 탐한 죄"(6절), "아들과 아버지가 한 여자에게 들어가려 하는 음란함"(7절, cf. 레 20:10-12), "가난한 자의 저당 잡힌 옷을 해가 질 때 돌려주지

(신 24:12,13, 출 22:26) 않고 우상의 제단들 옆에 펼쳐 놓고서 그 위에서 잠잔 죄"(8절), "우상의 신전에 있는 마귀들의 식탁(고전 10:21)에서 마귀들에게 바쳐진 포도주를 마신 죄"(8절)였다.

유다와 이스라엘의 죄들은 모두 "다니엘의 칠십째 주"(대환란 기간)에 저질러질 것이며, 이것은 분명 "예언"이다. 말하자면 대환란 기간에는 "거짓 선지자"(계 13장)에게 경청하며, 재판을 왜곡하고 가난한 자들을 박해하며 음란한 짓을 저지르고 마귀를 숭배하는 유대인들이 있을 것이다. 『**그곳을 영적으로는 소돔과 이집트라고 부르며 우리 주께서 십자가에 못박히신 곳이라**』(계 11:8).

"하나님의 은혜"를 저버린 유다와 이스라엘(9-16절)

『그러나 내가 그들 앞에서 아모리인을 멸하였나니 그의 키는 백향목들의 키와 같고 그는 상수리나무들같이 강하나 내가 위로부터 그의 열매와 아래로부터 그의 뿌리들을 멸하였도다. 또한 내가 너희를 이집트 땅에서 불러내어 사십 년 동안 광야를 통해 인도하여 아모리인의 땅을 차지하게 하였도다. 또 내가 너희 아들들 가운데서 선지자들을 너희 청년들 가운데서 나실인들을 일으켰도다. 오 너희 이스라엘 자손들아, 과연 그렇지 아니하냐? **주**가 말하노라』(암 2:9-11).

하나님께서는 배은망덕하게 죄를 짓는 이스라엘 백성에게 그분께서 과거에 그 민족에게 베풀어 주신 은혜를 상기시키신다. 이렇게 함으로써 그 백성의 죄가 얼마나 극악무도한가를 부각시키셨다.

『**나는 하나님의 은혜를 저버릴 수 없나니**』(갈 2:21). 우리는 하나님께서 은혜를 베푸시면서 기대하시는 바를 좌절시켜서는 안 된다. "은혜는 그에 합당한 반응을 요구한다."

이스라엘 백성은 가난한 자들을 박해했지만, 주님께서는 이집트 땅의 "가난한 노예들"을 구해 내셔서 40년 동안 광야에서 먹이셨고 그 뒤 아모리인들을 멸하셔서 이스라엘로 하여금 약속의 땅의 풍요로움을 맛보게 하셨다(10절). 또한 이스라엘 백성 가운데서 선지자들을 일으켜서 하나님의 거룩한 메시지를 전하게 하셨고, 또한 나실인들을 일으키셔서 온전한 헌신이 무엇인가를 백성들에게 본으로 보여 주셨다. 선지자들과 나실인들은 백성이 주님 앞에서 바르게 행하도록 인도하는 역할을 했던 것이다. 그러나 백성들의 반응은 어떠했는가?

『그러나 너희가 나실인들에게 포도주를 주어 마시게 하였으며 선지자들에게 명하여 말하기를 "예언하지 말라." 하였느니라. 보라, 곡식단을 가득 실은 수레가 눌림같이 내가 너희 아래서 눌림을 받는도다. 그러므로 도피하는 자가 급히 망할 것이요, 강한 자도 자기 힘을 낼 수 없으며 용사도 자신을 구할 수 없으리라. 활을 다루는 자도 설 수 없겠고 발이 빠른 자도 자신을 구할 수 없을 것이며 말을 타는 자도 자신을 구해 낼 수 없으리라. 용사 중에 용기 있는 자도 그 날에는 벗은 채로 도망하리라. **주가 말하노라**』(암 2:12-16).

하나님의 은혜에 대한 이스라엘의 반응은 처참했다! 그들은 나실인들에게서 세상으로부터의 성별과 헌신을 배운 것이 아니라 오히려 나실인들의 성별과 헌신을 파괴했고, 선지자들에게는 예언을 금지시켰다. 이스라엘 백성은 나실인들을 술 취하게 만들고 선지자들의 입을 막아 버림으로써 민족적인 파멸을 자초하고 만 것이다.

하나님께 헌신하지 않고 이방과 연합하며, 그분의 말씀에 순종하기를 거부했던 이스라엘의 모습은 오늘날 "그리스도인들"에게서도 쉽게 찾아볼 수 있다.

그들은 헌신(롬 12:1,2)을 거부하고 말씀에 대한 복종(삼상 15:22)을 기피하면서도 예배를 드리는 척한다. 또한 세상을 사랑하지 말라고(요일 2:15,16) 말씀하시는데도 세상을 동경하고(딤후 4:10), 세상과 하나님 사이를 두 마음을 품고 오가는 것이다. 이와 같은 그리스도인들이 맞게 될 것은 자신의 영적 파멸과 그리스도의 심판석에서 상과 유업을 받지 못하는 비참함뿐이다. **『너희 자신을 돌아보라. 이는 우리가 이루어 놓은 것들을 잃지 아니하고 온전한 상을 받으려는 것이라』**(요이 1:8). **『하나님께 가까이 다가가라. 그리하면 그분께서도 너희에게 가까이 다가가시리라. 너희 죄인들아, 손을 깨끗이 하라. 너희 두 마음을 품은 자들아, 마음을 정결케 하라』**(약 4:8).

주님께서는 위와 같은 백성들로 인해 **『보라, 곡식단을 가득 실은 수레가 눌림같이 내가 너희 아래서 눌림을 받는도다.』**(13절)라고 말씀하신다. **『헛된 예물을 더 이상 가져오지 말라. 분향은 내게 가증함이요, 새 달들과 안식일들과 집회들을 모으는 것도 내가 견딜 수 없으니 심지어 엄숙한 모임까지도 악한 것이니라. 너희의 새 달들과 정한 명절들을 내 혼이 싫어하노라. 그것들은 내게 짐이요, 내가 지기에 피곤하노라』**(사 1:13,14). 주님께서는 반복적으로 죄를 지으면서 돌이키기를 거부하는 자들이 보여 드리는 모든 종교 행위들을 "가증하고 견딜 수 없으며, 악하고 혐오스럽고 지기에 피곤한" 짐으로 여기시면서 마치 "짐에 눌려 부서진 수레"와 같은 심정이 되신다. 주님을 그렇게 만드는 자들에게는 엄중한 심판이 내려지는데, 그들은 "빠르게, 불가항력적으로 패배할 것이고, 또한 적에게 추월당하고, 정복당하고, 수치스럽게 벗은 채로 붙잡혀 갈 것이다"(14-16절).

■ 새롭게 깨달았거나 적용할 내용이 있다면 적어 보세요. ■

MEMO

"죄"를 가볍게 보지 말라!

『이는 죄의 삯은 사망이요』(롬 6:23). 『그러므로 욕심이 잉태하면 죄를 낳고, 죄가 장성하면 사망을 낳느니라』(약 1:15).

피터 럭크만 목사는 "죄를 짓는 그리스도인들"에 관해 다음과 같이 말했다. "외면하고 싶은 불편한 진실은 그리스도인들이 죄를 짓는다는 점이다(요일 1:8-10). 『**하나님의 거룩한 영을 슬프게 하지 말라. 너희가 그로 인해 구속의 날까지 인치심을 받았느니라**』(엡 4:30). 그리스도인이 잘못된 행동들을 저지르면 성령님께서 슬퍼하신다. 당신도 자녀들 때문에 슬프고 속상했을 때가 있을 것이다. 하나님의 자녀들도 마찬가지여서 그분께 슬픔이 될 때가 있다."

구약 시대에 이스라엘 백성의 죄에 눌리셨던 하나님께서는 지금 이 순간도 마찬가지시다. 그리스도인이 하나님의 은혜를 입고서도 죄를 반복적으로 지을 때, 하나님께서는 몹시 괴로워하신다!

"그리스도인의 죄"는 하나님의 슬픔을 야기할 뿐만 아니라 그리스도인 자신에게도 부정적인 결과를 가져온다. 즉 그리스도인이 죄를 지으면 하나님과의 교제가 단절되어서 구원의 기쁨(벧전 1:8,9, 시 51:12)과 구원의 확신(요일 3:20,21), 성도로서의 간증(창 19:14)을 잃고, 기도 응답을 받지 못한다(사 59:1,2). 하나님께서 그 사람 안에서 더 이상 역사하시지 않아 섬김의 기회를 잃게 되며(빌 2:13), 주님께 상과 유업도 받지 못하고(마 25:21, 고전 3:8,15, 골 3:24,25, 요이 1:8), 양심이 더럽혀져서(딛 1:15) 거룩한 것들을 경시하는 성향을 갖게 된다(살전 4:3,4,8). 죄의 덫에 걸린(잠 5:22; 29:6, 요 8:34) 성도는 자기 자신에게 속게 되고(갈 6:7), 그 죄로 인해 벌을 받되(갈 6:7-9), 때로는 건강을 잃고, 심지어 지상 생명이 단축되기까지 한다(롬 6:23; 8:13, 고전

10:10,11; 11:30).

따라서 "모든 그리스도인"은 죄를 멀리하고 죄에서 승리하는 삶을 살아야 한다. 죄에서 승리하려면, 첫째, 성경을 암송하는 데 최대한 시간을 써야 한다(마 4:4,7,10, 시 119:9-11). 둘째, TV나 유튜브 같은 영상 매체에 쓰는 시간을 최소화하고(그런 것을 보지 않아도 주님께서는 오신다. 그 "그림들"을 눈앞에서 치우라! - 민 33:52), 가능한 한 많은 "빛"을 보는 야외 활동을 늘려야 한다. 셋째, 인생의 시련이 닥쳐오면 피할 길을 빠르게 찾아(고전 10:13) 시험에 빠져 죄지을 가능성을 줄여야 한다(벧전 4:12). 넷째, 죄의 유혹이 있을 때는 자신을 죄에게는 죽고 하나님께는 산 자로서 "적극적으로" 여기는 생활을 해야 한다. 『**이와 같이 너희도 너희 자신을 정녕 죄에게는 죽은 자요, 예수 그리스도 우리 주로 말미암아 하나님께는 산 자로 여기라**』(롬 6:11).

■ 새롭게 깨달았거나 적용할 내용이 있다면 적어 보세요. ■

MEMO

NOTES

제 3 과

감찰하는 날에 꺾일 벧엘 제단의 뿔들 (3,4장)

『내가 이스라엘의 죄과들을 그에게 감찰하는 날에 내가 벧엘의 제단들도 감찰할 것이니 제단의 뿔들은 꺾여 땅에 떨어지리라』(암 3:14).

"이스라엘"을 향한 하나님의 분노(3:1-8)

『내가 이집트 땅에서 인도하여 낸 전체 족속, 오 이스라엘 자손들아, **주**가 너희를 거슬러 말씀하신 이 말씀을 들으라. 말씀하시기를 "땅의 모든 족속 중에서 내가 너희만을 알았으니 그러므로 너희 모든 죄악으로 인해 내가 너희를 벌하리라. 두 사람이 동의하지 않고 함께 걸을 수 있겠느냐?』(암 3:1-3)

『땅의 모든 족속 중에서 내가 너희만을 알았으니』(2절)라는 말씀은 **『그 때 내가 그들에게 분명히 말하되 '나는 너희를 전혀 알지 못하니, 너희 불법을 행하는 자들아, 내게서 떠나가라.'고 하리라.』**(마 7:23)라는 말씀과 조화를 이룬다. 즉 하나님께서 아시는 족속이 있는가 하면, 그분께서 모르시는 족속도 있는 것이다. 모든 것들과 모든 사람들을 알고 계시는(대상 28:9, 마 10:3) 하나님께서 누군가를 모르신다는 말씀의 의미는 무엇인가? 그것은 하나님께서 "거룩하지 않은 사람"과는 친밀한 교제를 나누지 않으신다는 뜻이다(시 1:6). 거룩함이 없이는 아무도 하나님을 보지 못한다(히 12:14). 예수님께서는 그분의 양무리를 알고 계시는 반면(요 10:14), "불법을 행하는 자들"은 모른다고(마 7:23) 하셨다.

『땅의 모든 족속 중에서 내가 너희만을 알았으니 그러므로 너희 모든 죄악으로 인해 내가 너희를 벌하리라』(2절). 하나님께서는 그분께서 "친히 아시는" 개인과 민족의 죄에 대해서는 특별히 더 분노하시는데, 이는 하나님께서 교제하시는 개인과 민족은 하나님의 기대를 결코 저버려서는 안 된다는 점을 보여 준다. 하나님께서 택하신 이스라엘 백성을 다루신 역사는 하나님과 그리스도인의 관계에도 동일하게 적용할 수 있다. 하나님께서는 그분이 아시는 거룩한 개인과 거룩한 민족이 죄의 길을 걸을 때 그들을 징계하여 그분의 길로 되돌려 놓는 분이시다.

『**두 사람이 동의하지 않고 함께 걸을 수 있겠느냐?**』(3절) 결코 그럴 수 없다. 하나님께서는 마귀의 식탁에서(암 2:8) 우상들과 교제하는 민족과 같이 걸으실 수 없다. 더러운 걸레 같은 의(사 64:6)를 흔들어 대는 마귀의 자식들(요 8:40-44)과는 함께 걸으실 수 없다. 성령을 따르지 않고(갈 5:22) 육신을 좇는(고후 7:1) 그리스도인(롬 8:10-13)과도 함께 걸으실 수 없다. 이 점은 구원받은 여자가 구원받지 못한 남자와 가정을 이룰 수 없고(고후 6:14), 바른 성경을 믿고 실행하는 교회가 변개된 성경을 쓰는 교회들과 함께 걸을 수 없는 것과 같은 이치이다. 서로의 생각에 동의할 수 없다면, 두 사람은 함께 걸을 수 없다.

『사자가 먹이가 없는데도 숲속에서 포효하겠느냐? 젊은 사자가 잡은 것이 없는데도 그의 굴에서 소리지르겠느냐? 새가 그를 잡으려는 덫이 없는 곳에서 올무에 걸려 땅 위에 떨어질 수 있느냐? 사람이 잡은 것이 전혀 없는데도 땅에서 올무를 집어 올리겠느냐? 성읍에서 나팔을 부는데 백성이 무서워하지 않겠느냐? **주**께서 행하신 일이 아니고서야 성읍에 재앙이 있겠느냐? 실로 주 **하나님**은 선지자들인 그의 종들에게 그의 비밀을 나타내지 않고서는 아무것도 행치 아니하느니라. 사자가 포효하는데 누가 두려워하지 않겠느냐? 주 **하나님**이 말하였으니 누가 예언하지 않겠느냐?" 하시니라』(암 3:4-8).

『**사자가 먹이가 없는데도 숲속에서 포효하겠느냐?**』(4절) 즉 사자는 눈앞에 먹이가 있을 때 포효한다. 먹잇감를 공격하기 전에 겁을 주기 위해 포효하는 것이다(4절). 그리고 먹이를 잡았다면(4절) 그 신호로 울부짖는다.

『새가 그를 잡으려는 덫이 없는 곳에서 올무에 걸려 땅 위에 떨어질 수 있느냐? 사람이 잡은 것이 전혀 없는데도 땅에서 올무를 집어 올리겠느냐?』(5절) 새는 덫이 있을 때 잡히는 법이고, 사냥꾼은 덫에 걸려든 것이 없을 때는 덫을 땅에서 들어올리지 않고 사냥감이 걸릴 때까지 놓아둔다. **『성읍에서 나팔을 부는데 백성이 무서워하지 않겠느냐?』**(6절) 성읍에서 불리는 나팔은 적의 침략을 알리는 신호였다. 누군가가 장난으로 나팔을 불었다 해도 성읍 사람들은 긴장했을 것이다. 이 모든 질문이 뜻하는 것은, 원인이 있기에 결과가 있다는 것이다. 주님께서 이 모든 질문을 통해 말씀하시고자 하신 것은 **『주께서 행하신 일이 아니고서야 성읍에 재앙이 있겠느냐?』**(6절)라는 질문에 들어 있다. 즉 한 성읍에서 일어나는 재앙은 주님께서 일으키신 것이라는 뜻이다.

주님께서는 인간에게 "선"도 주실 수 있고, "악"(evil)도 주실 수 있다. **『우리가 하나님의 손에서 좋은 것을 받았을진대 나쁜 것도 받지 아니하겠느뇨?』**(욥 2:10) 하나님께서는 죄인들에게 임할 악을 허락하는 분이시다. 회개하지 않는 죄인들에게 살인, 강간, 오해, 죽음, 굶주림, 고문, 강탈, 불구, 질병, 파산, 무능력, 전쟁, 죄, 자연적 재앙(눅 13:1-3) 등을 허락하신다. **『지극히 높으신 분의 입에서 악과 선이 나오지 아니하느냐? 사람이 자기 죄들로 벌받는 것을 산 사람이 어찌하여 불평하느냐? 우리가 우리의 행실을 살피고 시험하여 주께로 다시 돌이키자』**(애 3:38-40). 인간이 주님께서 계획하신 재앙에서 벗어나는 길은 그의 잘못된 길과 행위를 고쳐 하나님의 음성에 복종하는 것뿐이다. **『그러므로 이제 너희는 너희의 길과 행위를 고쳐 주 너희 하나님의 음성에 복종하라. 그리하면 주께서 너희에게 선언하셨던 재앙에서 스스로 돌이키시리라... 유다의 히스키야왕과 온 유다가 그를 사형에 처했더냐? 히스키야가 주를 두려워하여 주께 간구하니 주께서 그들에게 선언하셨던 재앙에서 스스로 돌이키지 아니하셨더냐? 그러므로 우리가 우리**

KJBC

킹제임스성경신학교는 피터 럭크만 박사가 미국 플로리다주 펜사콜라시에 설립한 Pensacola Bible Institute (PBI)에 기반을 두고 있습니다. 미국 Pensacola Bible Institute는 1965년 9월 개강한 이래로 지금까지 미국 내 정통 신학 교육의 요람으로서, 미국 내 유수한 근본주의 침례교 신학교들을 압도하고 성경대로 믿는 그리스도인들의 산실이 되고 있습니다. 자유주의와 현대주의를 배격하는 가운데 정통 교리의 수준 높은 신학 교육은 물론이요, 능력 있는 설교자 양성을 위한 강도 높은 훈련으로도 단연 으뜸입니다. 이처럼 본 신학교도 1991년에 세워진 이래로 이 땅에 바른 성경적 지식을 정착하고 신실한 하나님의 일꾼을 양성하는 데 총력을 기울여 오고 있습니다.

기존 신학교는 하나님의 말씀보다는 교단 신학과 학문으로서의 신학에 중점을 두어 가르치고 있습니다. 또한 편협한 교단 교리에 하나님의 말씀을 억지로 끼워 맞춰 가르치고 있기 때문에 이제는 하나님의 말씀에 근거한 신학을 제대로 가르치는 곳이 절대적으로 필요합니다. 이런 절실한 필요에 의해 본 신학교는 모든 교과 과정을 교단 신학이 아닌 하나님의 말씀으로 채움으로써 하나님의 말씀에 대한 올바른 지식을 터득할 수 있도록 구성하고 있습니다. 이렇게 구성된 모든 교과 과정은 성경 각 책에 대한 깊이 있는 수업과 설교의 실전 연습, 제반 목회 생활에 관한 실제적인 수업들로 이루어져 있으며, 무엇보다도 균형 있고 올바른 성경적 지식으로 무장할 수 있는 많은 수업들이 제공되고 있습니다.

킹제임스성경신학교는 설교자와 목회자, 성경 교사, 선교사를 양성하기 위한 곳으로, 3년의 모든 과정을 착실히 이수한 모든 학생들이 각자 하나님의 부르심에 따라 언제 어디서나 전담 사역자로서 사역할 수 있도록 양육받을 수 있는 국내 유일의 온·오프라인 정통 신학교입니다.

입학요강

	신학사(B.D.)	킹제임스성경신학원 신학석사(Th.M.)
수업연한	3년 (6학기)	2년 (4학기)
자 격	• 거듭난 그리스도인으로서 하나님께 쓰임받기 원하는 사람 • 고등학교 졸업자 및 졸업 예정자 또는 동등 이상의 학력이 인정되는 자(연령 제한 없음)	• 본교를 졸업한 신학사 학위 소지자로서 진리의 지식으로 효과적인 사역을 이루려는 분
선 발	서류전형(입학원서, 구원간증, 자기 소개서), 면접(서류 전형 합격자에게 개별 통보)	
학사일정	오프라인 봄 학기 매년 3월초 가을 학기 9월초 개강(총 16주) 월,화,목,금(오후 6:30 – 9:20) 온 라 인 수시접수 가능(한 학기 총 16주 / 100% 동영상 강의)	한 학기당 16주 과정 (화요일 오후 6:30 – 9:20)
원서교부	킹제임스성경신학교 교무처 / 인터넷 접수	

킹제임스성경신학교학장

10122 경기도 김포시 고촌읍 장곡로 39
전화 (02) 2665-3303, 팩스 (02) 2665-3302

의 생명을 해치는 큰 재앙을 초래할 수 있으리라』(렘 26:13,19).

『**실로 주 하나님은 선지자들인 그의 종들에게 그의 비밀을 나타내지 않고서는 아무것도 행치 아니하느니라**』(7절). "아브라함"은 성경에서 최초로 언급된 "선지자"였다. 『**그러므로 이제 그 사람에게 그의 아내를 돌려주라. 그는 선지자니, 그가 너를 위하여 기도하여 네가 살 것이라**』(창 20:7). 하나님께서는 이 "선지자"에게 소돔과 고모라에 대해 하실 일을 알려 주셨다. 『**주께서 말씀하시기를 "내가 하는 그 일을 내가 아브라함에게 숨기겠느냐? 아브라함은 분명히 위대하고 막강한 민족이 될 것이며, 땅의 모든 민족들이 그의 안에서 복을 받을 것이 아니냐?**』(창 18:17,18) 이런 면에서 사도 바울 역시 "선지자"의 범주에 들어간다. 『**이런 까닭에 나 바울은 너희 이방인들을 위하여 예수 그리스도의 죄수가 되었으니, 과연 너희를 위하여 내게 주신 하나님의 은혜의 경륜을 너희가 들었을진대 이것은 그분이 계시로 내게 신비를 알게 하신 것이며 (내가 전에 간략하게 쓴 것과 같으니 너희가 읽을 때 거기서 그리스도의 신비 안에 있는 나의 지식을 이해하게 되리라.) 그것이 성령으로 그의 거룩한 사도들과 선지자들에게 지금 계시된 것처럼 다른 시대들에서는 사람들의 아들들에게 알려지지 아니하였으니 이는 이방인들이 복음을 통하여 그리스도 안에서 공동 상속자가 되고 한 몸이 되며 그의 약속에 동참자가 된다는 것이니라**』(엡 3:1-6). 이 외에도 벧엘에 있는 선지자들의 아들들은 엘리야가 휴거되는 날을 알고 있었다(왕하 2:3). 바울과 베드로는 몇 주 안에 일어날 일을 알고 있었다(자신의 죽음 - 딤후 4:6, 벧후 1:14). 선지자이셨던(행 7:37, 요 9:17) 예수 그리스도께서는 한 시간 안에 일어날 일을 알고 계셨다(마 26:45,46).

영적으로 보면, 하나님께서 미래에 일어날 일들을 계시해 주신 성도 역시 "선지자"로서 섬길 수 있다. 죄인이 죽으면 지옥에 간다는 사실과, 조금 있으면 지상에 있는 모든 그리스도인이 단 한 사람도 예외 없이 휴거될 것이라는 사실과, 그 뒤 대환란과 지상 재림, 천년왕국, 큰 백보좌 심판, 영원 시대가 연이어서 펼쳐질 것이라는 점을 성경을 통해 미리 알고 선포할 수 있다면 그 성도는 이 시대의 "선지자"로서 섬기고 있는 것이다. **『실로 주 하나님은 선지자들인 그의 종들에게 그의 비밀을 나타내지 않고서는 아무것도 행치 아니하느니라』**(7절).

『사자가 포효하는데 누가 두려워하지 않겠느냐?』(8절) 두려워하지 않을 사람은 아무도 없다. **『주 하나님이 말하였으니 누가 예언하지 않겠느냐?』**(8절) 발라암도 예언했고(민 24:1-4), 사울도 예언해야 했다(삼상 19:24). 하나님께서 말씀하셔서 마음이 뜨겁게 되면(눅 24:32) 입을 다물고 있을 수 없다(고후 4:13). 성경을 읽고 마음이 뜨겁게 되면 전파하지 않을 수 없다.

벧엘 제단의 뿔들에 대한 심판(3:9-15)

『아스돗에 있는 궁전들과 이집트 땅에 있는 궁전들에 공표하여 말하기를 "너희는 사마리아의 산들 위에 모여 그 가운데 있는 큰 소요와 그 가운데 있는 압제당하는 자들을 보라." 하라. 이는 자기들의 궁전에서 폭력과 강탈을 쌓는 자들이 옳은 일을 행할 줄 모르기 때문이니라. **주**가 말하노라. 그러므로 주 **하나님**이 이같이 말하노라. 대적이 땅 여기저기에 있으리니 그가 너로부터 네 힘을 꺾을 것이요, 네 궁전들은 약탈을 당하리라. **주**가 이같이 말하노라. 목자가 사자의 입에서 두 다리나 귀 한 조각을 건져내는 것같이 사마리아에 거하는 이스라엘 자손들은 침상 모퉁이에서 다마스커스에 거하는 그들은 침상에서 건져냄을 받으리라. 만군의 하나님, 주 **하나님**이 말하노라. 너희는 듣고 야곱의 집에 증거하기를 "내가 이스라엘의 죄과들을 그에게 감찰하는 날에 내가 벧엘의 제단들도 감찰할 것이니 제단의 뿔들은 꺾여 땅에 떨어지리라." 하라. 또 내가 여름궁과 함께 겨울궁을 치리니, 그러면 상아궁들이 파손될 것이요, 큰 궁들이 종말을 고하리라. **주**가 말하노라』(암 3:9-15).

『너희는 사마리아의 산들 위에 모여 그 가운데 있는 큰 소요와 그 가운데 있는 압제당하는 자들을 보라.』(9절)라고 "아스돗"과 "이집트"가 소환된다. 목적은, 이스라엘 안에서 행해지는 압제와 폭력을 증거하기 위함이다. 대적인 앗시리아인들이 땅 여기저기에 있을 때 궁전들은 약탈당할 것이고(10절), 백성들은 침상에서 살해당할 것인데, 거기에서 살아남는 자들은 **『목자가 사자의 입에서 두 다리나 귀 한 조각을 건져내는 것같이』**(12절) 그 수가 적을 것이다.

주님께서는 벧엘의 제단들도 감찰하시어 그 제단의 뿔들을 꺾어 땅에 떨어지게 하실 것이다(14절). 이곳은 여로보암이 금송아지를 세웠던 곳인데, 선지자 아모스는 지금 "재림"에 관해서 말하고 있는 중이다. 왜냐하면 여로보암이 처음 세웠던 제단은 이미 파괴되었기 때문이다. **『보라, 한 하나님의 사람이 주의 말씀에 의하여 유다로부터 벧엘로 왔는데 그때 여로보암은 분향하려고 제단 곁에 섰더라. 그가 주의 말씀으로 제단을 향하여 외쳐 말하기를 "오 제단아, 제단아, 주가 이같이 말하노라. 보라, 다윗의 집에 요시야라 이름하는 한 아이가 태어날 것이요, 그가 네 위에서 분향하는 산당의 제사장들을 네 위에 제사하리니 사람들의 뼈가 네 위에서 불살라지리라." 하고 그가 그 날 한 표적을 주며 말하기를 "주께서 말씀하신 표적이 이것이라. 보라, 제단이 갈라지고 그 위에 있는 재가 쏟아지리라." 하니 여로보암왕이 벧엘에 있는 제단을 향하여 외치는 그 하나님의 사람의 말을 듣고, 제단에서 손을 펴며 말하기를 "그를 잡으라." 하더라. 그때 여로보암이 그 사람을 향하여 편 손이 말**

라 버려서 자기에게로 다시 거두어들이지 못하더라. 또한 하나님의 사람이 주의 말씀으로 준 표적에 따라 제단이 갈라지고, 재가 제단에서 쏟아지더라』(왕상 13:1-5). 이때 무너진 벧엘의 제단은 다시 세워졌는데, 그렇다 해도 그것은 요시아의 개혁 때 완전히 파괴되었다. 『**또 이스라엘로 죄를 짓게 한 느밧의 아들 여로보암이 만든 벧엘에 있는 제단과 산당, 곧 그 제단과 산당을 왕이 모두 깨뜨리고 산당을 불살라 가루로 잘게 빻았으며 아세라를 불살랐더라**』(왕하 23:15). 이 모든 일은 선지자 아모스가 설교하기 전에 일어났기 때문에, 미래에 "벧엘에 있는 제단들을 파괴할" 『**감찰하는 날**』(14절)은 당연히 선지자 아모스가 설교하기 전에 일어난 일이 아니다. 『**내가 이스라엘의 죄과들을 그에게 감찰하는 날에 내가 벧엘의 제단들도 감찰할 것이니 제단의 뿔들은 꺾여 땅에 떨어지리라.**』(14절)라는 말씀이 예언인 것은, 선지자 아모스가 이 예언을 하기 전에 북왕국 이스라엘은 이미 앗시리아에게 사로잡혀 갔기 때문이다(왕하 17장). 본문 14절의 "예언"은 과거에 파괴되었던 "벧엘의 제단들"과 그것의 "금송아지들"이 이스라엘에 다시 나타날 것을 보여 준다.

"네 하나님을 만날 준비를 하라!"(4장)

『사마리아 산에 있는 너희 바산의 암소들아, 이 말을 들으라. 너희는 가난한 자들을 압제하며, 궁핍한 자들을 짓밟고, 그들의 주인들에게 말하기를 "술을 가져다 우리로 마시게 하라."고 하는도다. 주 **하나님**께서 그의 거룩함으로 맹세하셨으니, 보라, 그 날들이 너희에게 임할 것이요, 그가 너희를 갈고리로 너희 후손을 낚시로 끌어가리라. 너희가 파손된 곳들로 나갈 것이요, 모든 암소가 자기 앞에 있는 그곳으로 나가리니 너희가 그들을 궁전으로 던지리라. **주**가 말하노라. 벧엘로 와서 범죄하며 길갈에서 죄를 더하고 매일 아침 너희 희생제물을 가져오며 삼 년 후에 너희 십일조를 가져오고 누룩과 함께 감사의 희생제물을 드리며 자원하는 제물을 선포하고 공표하라. 오 너희 이스라엘 자손들아, 이것이 너희가 좋아하는 것임이라. 주 **하나님**이 말하노라』(암 4:1-5).

『**사마리아 산에 있는 너희 바산의 암소들아, 이 말을 들으라**』(1절). 선지자 아모스는 청중들을 "짐승들"로 여기고 설교한다. 바울은 『**크레테인들은... 악한 짐승들**』(딛 1:12)이라고 했고, 예수님께서도 서기관들과 바리새인들을 향해서 『**너희 뱀들아, 독사들의 세대야**』(마 23:33)라고 하셨다. 성경에서 성령으로 충만했던 설교자들은 "난폭하고 격렬하게" 설교했다. 『**바산의 암소들**』(1절)은 "사마리아의 부유한 여인들"을 가리키며, 그들은 가난한 자들을 압제하고 궁핍한 자들을 짓밟으면서 주인들(남편들)에게는 『**술을 가져다 우리로 마시게 하라.**』(1절)라고 요청하고 있다. 주님께서는 그들과 그들의 후손을 갈고리와 낚시로 끌어가듯이, 사마리아 성읍들의 파괴된 벽들을 통과해서 나가게 하실 것이다.

『**벧엘로 와서 범죄하며 길갈에서 죄를 더하고 매일 아침 너희 희생제물을 가져오며 삼 년 후에 너희 십일조를 가져오고 누룩과 함께 감사의 희생제물을 드리며 자원하는 제물을 선포하고 공표하라.**』(4,5절)는 하나님께서 이스라엘을 조롱하시는 것이다. 『**오 너희 이스라엘 자손들아, 이것이 너희가 좋아하는 것임이라. 주 하나님이 말하노라**』(5절). 이스라엘 자손들은 하나님께서 싫어하시는 "누룩"을 좋아했다. 원래 『**감사의 희생제물**』은 누룩과 함께 드리지 않았는데, 이는 레위기 7:12에서 감사함으로 드리는 제물은 "누룩 없는 과자"와 함께 드리라고 말씀하기 때문이다. 단, "누룩 있는 빵"(레 7:13)이 "감사의 희생제물과 함께" 드려졌는데, 이때의 누룩은 "감사의 희생제물"에 곁들

여진 "보조 제사"였으며, 주된 제사에는 누룩이 금지되었다. 그러나 이스라엘 자손들은 "자신들이 좋아하는" 누룩을 주된 제사에 사용하는 죄를 범했다. 인간은 자기가 좋아하면 하나님께서도 좋아하실 것이라고 생각하는데, 하나님께서는 결코 인간이 선호하는 것에 동조하시는 분이 아니다.

『**삼 년 후에 너희 십일조를 가져오고**』(4절). 유대인들은 본문에 대한 율법을 문자 그대로 지켰다(신 14:28; 26:12). 그러나 이어지는 5절은 "문자 그대로" 따라야 할 율법이 아니다. 5절의 『**자원하는 제물을 선포하고 공표하라.**』와 같은 율법은 없다.

『또 내가 너희 모든 성읍들에서 너희의 이를 깨끗한 채 놔 두었고 너희 모든 처소에서 빵이 부족하게 하였으나 너희가 내게로 돌아오지 아니하였느니라. **주**가 말하노라. 또 추수가 아직 삼 개월이나 남았을 때 내가 너희에게 비를 멈추게 하였노라. 내가 한 성읍에는 비가 내리게 하였고 다른 성읍에는 비가 내리지 못하게 하였더니, 어떤 땅에는 비가 내렸고 비가 내리지 않은 땅은 말랐느니라. 그리하여 두세 성읍이 물을 마시기 위해 방황하다가 한 성읍으로 갔으나 그들이 만족하지 못하였도다. 그러나 너희는 내게 돌아오지 아니하였도다. **주**가 말하노라. 내가 돌풍과 흰가루병으로 너희를 쳤으며 너희 동산들과 포도원들과 무화과나무들과 올리브 나무들이 번성할 때 모충으로 그것들을 먹게 했으나 너희는 내게로 돌아오지 아니하였도다. **주**가 말하노라. 내가 이집트에서 했던 대로 너희 가운데 전염병을 보냈으며 너희 청년들을 내가 칼로 살해하였고 너희 말들을 빼앗아 갔으며 내가 너희 진영의 악취로 너희 코를 찌르게 하였으나 너희는 내게로 돌아오지 아니하였도다. **주**가 말하노라. 하나님이 소돔과 고모라를 멸망시키셨듯이 내가 너희 중에 몇을 멸망시켰으니 너희가 불타는 데서 꺼낸 나무조각같이 되었으나 너희는 내게로 돌아오지 아니하였도다. **주**가 말하노라. 그러므로 오 이스라엘아, 내가 너에게 이같이 행하리라. 내가 너에게 이것을 행하리니 오 이스라엘아, 네 하나님을 만날 준비를 하라. 보라, 이는 산들을 짓고 바람을 창조하며 인간에게 자기 생각이 무엇인가를 선포하는 분, 아침을 어둡게 하며 땅의 높은 곳들을 밟는 분, 만군의 하나님인 **주**가 그의 이름임이라』(암 4:6-13).

하나님께서 어떤 재앙을 내리셔도 이스라엘 자손들은 주님께 돌아오지 않았다. 주님께서는 "너희는 내게로 돌아오지 아니하였도다."(6,8,9,10,11절)라는 말씀을 총 5번에 걸쳐서 강조하셨다. 본문에 열거된 재앙들을 통해서 이스라엘이 악한 길에서(롬 2:4) 돌이키기를 바라셨지만 그들은 그렇게 하지 않았다.

하나님께서는 세상에 일어나는 "재앙"을 주관하시는 분이시다. 『**주께서 행하신 일이 아니고서야 성읍에 재앙이 있겠느냐?**』(암 3:6) 온 우주 만물을 창조하셨고, 만물 위에 절대주권을 가지신 하나님께서는 그분이 원하시면 기근을 보내실 수 있고(6절), 비를 멈추게 하실 수 있으며(7절), 샘들을 끊어 버리실 수 있다(8절). 또한 곰팡이와 벌레들을 보내실 수 있고(9절), 흑사병과 같은 전염병과 재앙을 보내실 수 있으며(10절), 전쟁에서 패하게 하실 수 있고(10절), 도시들을 파괴시킬 수 있으며(11절), 오염된 땅에서 나오는 악취로 숨을 쉴 수 없게 하실 수 있다(10절).

하나님께서는 인간의 생사화복과 인류 역사를 주관하는 분이시다. 하나님께서는 인간에게 재앙을 보내셔서 죄를 깨닫고 돌아오라고 하시지만, 죄인들은 자신의 더러운 걸레 같은 의(사 64:6)를 자랑하며 돌아오기를 거부한다. 하나님께서는 그들에게 『**하나님을 만날 준비를 하라.**』라고 말씀하시지만, 그들은 그분을 만날 준비가 되어 있지 않다. “불결한 죄인들”은 “백보좌 심판”에서 하나님을 만날 준비가 되어 있지 않은 것이다. 이 시대에 죄인들이 하나님을 만날 “준비”를 할 수 있는 유일한 길은 “큰 백보좌”에 앉아 계신 주 예수 그리스도를 만나기(계 20:11) 전에, “갈보리 십자가”에서 주님을 만나는 것이다. 예수 그리스도의 피의 속죄를 믿고 구원을 받는다면(롬 5:6-10), 영원한 불못에 던져지는 백보좌 심판이 아닌 “그리스도의 심판석” 앞에 불려 나가 예수 그리스도를 만나게 될 것이다. “그리스도의 심판석”은 거듭난 그리스도인이 자기 몸으로 행한 섬김에 관해 판단받는 자리이기 때문에, 그곳에서 주님을 만났을 때는 아무도 지옥에 던져지지 않는다. 죄인이 예수 그리스도를 구주로 믿고 구원을 받아 “그리스도의 심판석”을 대비하는 것이 “백보좌 심판”에서 하나님을 만나는 것보다 낫다. “그리스도의 심판석”에서 하나님이신 예수 그리스도를 만날 준비를 하는 것이 가장 안전한 것이다.

MEMO

■ 새롭게 깨달았거나 적용할 내용이 있다면 적어 보세요. ■

NOTES

NOTES

제 4 과

주 하나님을 찾으라

(5장)

『**주**가 이스라엘 집에 이같이 말하노니 너희는 나를 찾으라. 그리하면 너희가 살리라』(암 5:4).

이스라엘을 위해 "탄식하시는 하나님"(1-3절)

『오 이스라엘 집아, 너희는 내가 너희를 대적하여 택한 이 말, 곧 애가를 들어 보라. 처녀 이스라엘이 쓰러졌으니 그녀가 다시는 일어나지 못하리라. 그녀가 자기 땅에서 버려졌으니 그녀를 일으켜 세울 자가 없도다. 주 하나님이 이같이 말하노니 이스라엘 집에 천 명이 나갔던 성읍은 백 명만 남고 백 명이 나갔던 성읍은 열 명만 남으리라』(암 5:1-3).

아모스 5장은 일종의 "애가"(Lamentation)로서, "이스라엘을 위해 탄식하시는 하나님"의 모습을 잘 묘사해 준다. "애가"는 죽은 사람을 위해 울부짖는 "장송곡"인데, 그 내용을 들여다보면 "약속의 땅"에서 버림받은 "이스라엘 백성들"이 그 땅 위에 죽어 엎드러져서 일어나지 못하고, 또 아무도 그들을 일으켜 세울 자가 없다는 "저주"와 "화"만 기록되어 있다. 특히 이들은 전쟁과 극심한 기근으로 철저히 파괴되면서 인구가 급격하게 감소하는데, "천 명"이 나갔던 성읍은 "백 명"만 남고, "백 명"이 나갔던 성읍은 "열 명"만 남게 된다. "앗시리아"나 "바빌론"이 침공해 올 때 90%의 사상자를 내고 "10분의 1"만 남게 되는 것이다. 이런 현실은 장차 "대환란 기간"에도 "적그리스도"가 공격해 올 때 다시 한 번 반복될 것이다. 이처럼 하나님께서는 그분의 백성이 "심판과 멸망 속에" 고통당할 때 무척 슬퍼하시는데, 특히 이러한 슬픔은 눈물의 선지자 "예레미야"를 통해 잘 드러난다(렘 9:1; 14:17, 애 2:11; 3:48,49).

MEMO

■ 새롭게 깨달았거나 적용할 내용이 있다면 적어 보세요. ■

"이스라엘의 죄"에 대한 책망(10-17,21-27절)

『그들은 성문에서 책망하는 자를 미워하며 그들은 정직하게 말하는 자를 증오하는도다. 그러므로 너희가 가난한 자를 밟음 같이 그에게서 밀을 세로 거두는도다. 너희가 깎은 돌로 집들을 지었으나 너희는 거기서 살지 못하리라. 너희가 아름다운 포도원들을 만들었으나 너희는 그 포도주를 마시지 못하리라. 내가 너희의 여러 가지 죄과들과 무거운 죄들을 아나니 그들이 의인을 괴롭히고 뇌물을 받으며 성문에서 가난한 자들을 그들의 올바른 길로부터 벗어나게 하는도다. 그러므로 총명한 자가 그 때에 침묵을 지키리니 이는 악한 때임이라』(암 5:10-13).

심판과 멸망과 극심한 재앙이 하나님의 백성인 "이스라엘"에게 임한 이유는, 다름 아닌 "죄" 때문이다. 특히 "아모스"는 "공의가 무너진 현실"에 대해 책망했는데, 『**공의를 쑥으로 바꾸고 땅에다 의를 버려 둔**』(암 5:7) "백성들"이라고 강력하게 꾸짖은 것이다. 우선, "이스라엘의 고관들"은 "그들의 죄를 책망하고 정직하게 말하는 사람"을 미워하고 증오했는데(10절), "성경적인 설교"를 듣기 싫어했던 것이다. 그리고 "포도즙 틀"에서 "가난한 사람들"을 짓밟음으로써, 그들을 "죽음"으로 내몰았다(11절). 그러면서 "밀"을 "세금"으로 거뒀는데, 세금을 낼 수 없었던 가난한 사람들이 "곡식"으로 세금을 대신해야 했던 것이다(11절). 또한 "가난한 자들을 압제하는 고관들"은 터무니없는 가격으로 "깎은 돌들"을 사들여 집을 지었고, 아름다운 포도원들도 경작했다(11절). 그 외에도 "여러 가지 무거운 죄들"을 지었는데, 특히 의인을 괴롭히고, 뇌물을 받아 챙기며, 가난한 자들로 하여금 올바른 길에서 벗어나게 했던 것이다(12절). 결국 『**총명한 자**』(13절), 곧 "하나님께서 보내신 선지자들"은 입을 다물고 말았으니(13절), 이것은 "죄악이 만연한 사회"에서 흔히 볼 수 있는 현상이다(cf. 대하 25:14-16).

결국 이러한 죄들로 인해 "이스라엘 백성"은 심판받고 멸망하게 된다. **『나는 너희의 명절들을 미워하고 멸시하노라. 나는 너희의 엄숙한 집회들에서 냄새를 맡지 아니하리라. 비록 너희가 나에게 번제와 너희의 음식제사를 바친다 해도 내가 그것들을 받지 아니하고 너희 살진 짐승들의 화목제도 인정치 않겠노라. 너는 내 앞에서 네 노래들의 소음을 치우라. 이는 내가 네 비올의 가락도 듣지 않을 것임이라』**(21-23절). 당시 "이스라엘 백성"이 안고 있는 "심각한 문제" 중 하나는, 악한 행실을 일삼고 여러 가지 죄들을 범하면서도 "형식적인 종교 생활"을 통해 "하나님을 경배하려고 했다는 점"이다. 과연 "공의"가 무너진 상황에서, 하나님 앞에서 지키는 "명절들"이 무슨 의미가 있겠는가? 하나님께서는 그런 "명절들"을 미워하시고 멸시하신다. "엄숙한 집회들"에서 바치는 "번제와 음식제사"를 받지 않으시고, "화목제"도 인정하지 않으시며, "제단에서 제물들을 태울 때 나는 냄새"도 맡지 않으신다. "노래들의 소음"을 치우라고 하시고, "비올의 가락"도 듣지 않겠다고 말씀하신다.

과연 하나님의 말씀에 경청하지 않고 순종하지도 않는 상황에서, "하나님께 드리는 경배와 찬양"이 무슨 의미가 있겠는가? 찬양과 경배를 드리기 전에 가장 먼저 해야 할 일은, 하나님께서 말씀하신 명령들에 온전히 귀를 기울이고 순종하는 것이다(사 1:10-15,17). 이는 "공의"가 무너진 근본적인 이유가 『**주의 말씀**』(사 1:10)을 "듣지 않은 것"에 있기 때문이다. 『**하나님의 법에 귀를 기울**』(사 1:10)이지 않은 것이다. "수많은 희생제물," "번제물들," "예물들"을 드리기에 앞서서, "새 달들," "안식일들," "집회들," "엄숙한 모임"을 지키기에 앞서서, "하나님의 말씀"에 경청하고, "하나님의 계명들"을 지켜야 하는 것이다(삼상 15:22). 특히 "하나님의 말씀"에 경청함으로써 "공의"를 행해야 한다. **『그러나 공의는 물같이, 의는 큰 시내같이 흐를지니라』**(24절). 이 말씀이 궁극적으로 성취되는 시기는 "천년왕국 기간"이며, 예수 그리스도께서 다스리시는 위대한 왕국이 이 땅에 세워지면 사람들이 그토록 기다리던 "공의"가 온 세상에 넘쳐흐를 것이다. **『마치 물이 바다를 덮음같이 땅이 주의 영광의 지식으로 가득 차리라』**(합 2:14). **『마치 물들이 바다를 덮음같이 세상이 주의 지식으로 충만할 것임이니라』**(사 11:9).

이상 언급한 예언들은 "미래의 재림" 때 성취된다. 지금은 아니다! 지금은 공의가 무너져 있고, 여전히 이스라엘은 "이방 신"과 "우상"을 숭배하고 있다. **『오 이스라엘 집아, 너희가 광야에서 사십 년 동안 내게 희생제들과 제물들을 드렸더냐? 오히려 너희는 너희의 형상들인 몰록과 키운의 장막을 지녔은즉, 이는 너희가 너희를 위하여 만든 너희 신의 별이라』**(25,26절). 이스라엘 백성은 40년간의 "광야 생활"에서 하나님께 "희생제들과 제물들"을 "올바른 동기와 마음"으로 제대로 드린 적이 없다. 오히려 그들은 "거짓 신"의 "두 형상," "몰록과 키운"을 위한 장막을 만들고, 그 형상들을 섬겼다. 특히 그들이 자기들을 위해 만든 "거짓 신"의 "별"은 "렘판의 별"을 말하는데, 이 "별"은 오늘날 "이스라엘의 상징"이라고 잘못 알려진 소위 "다윗의 별"이다. 하나님께서는 이러한 상징을 인정하시지 않는다. "이스라엘"은 "불타는 가시덤불"(출애굽기)이나 "포도나무"(이사야), "무화과나무"(예레미야), "올리브나무"(로마서) 등을 제외하고는 국가를 상징하는 어떤 "형상"도 받은 적이 없다. "다윗의 별"은 결코 이스라엘 민족의 상징이 아니며, 더군다나 그 "별"은 비성경적이다.

결국 하나님께서는 이런 "우상 숭배자들"을 심판하셔서 **『다마스커스 너머로 사로잡혀가게』**(27절) 만드신다. 이것은 "역사적으로" B.C. 721년경 "북왕국 이스라엘"이 "앗시리아"로 포로로 사로잡혀 가는 것에 적용되고, "교리적으로"는 "대환란 때" 유대인들이 전 세계로 흩어지는 것에 적용된다. 이렇듯 하나님께서는 그분의 율법을 버리고, 하나님을 저버린 이스라엘 백성을 내버리시는 것인데, 사실 하나님께서 어떤 사람을 내버리시기 전에, 그 사람이 먼저 하나님을 버렸다는 점을 기억해야 한다.

<u>이러한 심판과 멸망을 피할 수 있는 "유일한 길"은 "무너진 공의를 다시 세우는 일"이다</u>. 『**너희는 살기 위해 선을 구하고 악을 구하지 말라. 그러면 주, 만군의 하나님이 너희가 말했던 대로 너희와 함께 있으리라. 악을 미워하고 선을 사랑하며 성문에서 공의를 세우라. 만군의 주 하나님이 혹시 요셉의 남은 자에게 은혜를 베푸시리라**』(14,15절). 그러나 "이스라엘 백성"은 『**악을 미워하고 선을 사랑하며 성문에서 공의를 세우라.**』(15절)라는 이 명령을 무시하고 말았다. "하나님께서 베푸시는 은혜"를 받을 수 있는 기회를 걷어차 버린 것이다. 결국 그들에게 심판과 멸망이 임하고 말았으니, "이스라엘 백성"을 감찰하시고 심판하시는 "만군의 주 하나님"께서 그들을 통과하실 때, 그들이 눈물을 흘리며 심히 통곡하게 되는 것이다(16,17절). 이러한 통곡과 심판은 "앗시리아의 침공"과 "바빌론의 침공"에 따른 심판의 날과, 지난 1,900여 년간 "이스라엘이 겪은 고통의 날들"을 넘어 미래의 "대환란 기간"인 "주의 날"에 절정에 달하게 된다.

MEMO

■ 새롭게 깨달았거나 적용할 내용이 있다면 적어 보세요. ■

미래의 "주의 날"에 있을 심판(18-20절)

『**주**의 날을 바라는 너희에게 화로다! 그것이 너희에게 어떤 결말이 되겠느냐? **주**의 날은 어두움이지 빛이 아니니라. 마치 사람이 사자를 피했다가 곰을 만나거나 집에 들어가 손을 벽에 기대었다가 뱀에게 물린 것과 같도다. **주**의 날이 어둡게 되지 않겠으며 빛이 없게 되지 않겠느냐? 너무 어두워 그 안에 밝음이 없지 않겠느냐?』(암 5:18-20)

예언적으로 "주의 날"은 "대환란 기간"에 일어날 극심한 심판에 초점이 맞춰져 있는데, "대환란 때" 이스라엘이 당하게 될 극심한 고난과 심판을 "주의 날"을 통해 보여 주는 것이다. 그래서 "주의 날"은 "빛"이 아니라 "어두움" 그 자체이다(18,20절, 욜 2:2, 습 1:15). "주의 날"에는 "어떤 소망"도 보이지 않는데, 이는 "어느 곳으로 피해도" 결단코 심판을 피할 수 없기 때문이다. **『마치 사람이 사자를 피했다가 곰을 만나거나 집에 들어가 손을 벽에 기대었다가 뱀에게 물린 것과 같도다』**(19절).

"아모스"에서 "주의 날"을 묘사하면서 등장시킨 "세 짐승"(뱀, 사자, 곰)은 "사탄"이 "대환란 기간"에 육화할 존재인 "적그리스도"와 밀접한 관련이 있다. 이

아모스 5:19	호세아 13:7,8	다니엘 7:4-8	요한계시록 13:2
뱀(사탄)	-	-	용(사탄)
사자	사자	사자(페르시아)	(사자 - 영국)
곰	암곰	곰(그리스)	(곰 - 러시아)
-	표범	표범(로마)	(표범 - 미국)
적그리스도(복합적인 짐승, 비히못) →		무서운 짐승 ←	표범 + 곰 + 사자

러한 사실은 대환란 기간에 "적그리스도에 의해 극심한 고난을 받게 될 이스라엘의 소망이 전혀 없는 모습"을 잘 보여 준다. "메시아"를 거절한 이스라엘이 "대환란"이라고 하는 "뜨거운 용광로" 속에서 "적그리스도의 박해"를 받으며 엄청난 고난을 당할 것인데, 하나님께서 이스라엘을 징계하고 심판하기 위한 도구로 "적그리스도"를 사용하시는 것이다.

"주를 찾으라!"(4-9절)

『**주**가 이스라엘 집에 이같이 말하노니 너희는 나를 찾으라. 그리하면 너희가 살리라. 그러나 벧엘을 찾지 말고 길갈로도 들어가지 말며 브엘세바로도 지나가지 말지니 이는 길갈이 반드시 사로잡혀갈 것이며 벧엘은 아무것도 남지 아니할 것임이라. **주**를 찾으라. 그리하면 너희가 살리라. 그렇지 아니하면 그가 요셉의 집에 불같이 일어나 삼키리니 그리하면 벧엘에서 그것을 끌 자가 아무도 없으리라』(암 5:4-6).

하나님의 백성인 "이스라엘"은 영원히 버림받지 않고, 반드시 회복될 것인데, 이에 주님께서는 "주 하나님을 찾으라!"고 명령하신다(4절). 주 하나님을 찾으면 살 수 있는 것이다! 민족적으로 다시 살 수 있고, 또 회복될 수 있는 것이다! 따라서 주 하나님께로 돌아가야 한다. 『**오라, 우리가 주께로 돌아가자. 이는 그가 찢으셨으나 우리를 낫게 하실 것이요, 그가 치셨으나 우리를 싸매어 주실 것임이라. 이틀 후에 그가 우리를 살리시며, 셋째 날에 그가 우리를 일으키시리니, 우리가 그의 목전에서 살리라**』(호 6:1,2).

이처럼 주 하나님을 찾고 주님께로 돌아가야 한다. "벧엘"을 찾거나 "길갈"로 들어가거나 "브엘세바"로 지나가서는 안 된다(5절). 왜냐하면 그 성읍들은 "우상을 숭배하는 장소들"이기 때문이다. 특히 "벧엘"은, 그 이름의 본래 뜻이 "하나님의 집"이지만, 북왕국 이스라엘의 "여로보암 1세" 이래로 "금송아지를 숭배하는 우상 숭배 장소"로 전락해 버렸다. 따라서 지금은 하나님께서 "벧엘"에 계시지 않는다. 하나님께서 떠나신 곳은 "우상들과 마귀들"만 가득할 뿐이다. 따라서 그런 "우상 숭배 장소"로 돌아간다면, 하나님께서 불같이 일어나실 때 "요셉의 집"(북왕국 이스라엘)을 커다란 "화마"처럼 삼키실 것이다. 그렇게 되면 "벧엘"은 아무것도 남지 않을 것이며, 또한 그 불을 끌 수도 없을 것이다(6절).

따라서 이러한 심판으로 멸망하지 않으려면 주님을 찾아야 한다. 다시 살아나려면 주님을 찾아야 한다. 『**공의를 쑥으로 바꾸고 땅에다 의를 버려 둔**』 "이스라엘 백성"은 지금이라도 "주 하나님"을 찾아야 한다. 그래야 "소망"이 있다! **<u>그렇다면 "이스라엘 백성이 찾아야 할 하나님"은 어떤 분이신가?</u>** 그분은 "창조주 하나님"으로서 『**일곱 별**["플레이아데스 성단," 욥 38:31]**과 오리온**』(8절)을 만드신 분이고 『**죽음의 그림자를 아침으로**』(8절) 바꾸시는 분이다. "죽음의 그림자"와 연관해서 "피터 럭크만" 목사는 이렇게 설명한다. "대환란 기간에 '그것에 뒤덮인 것들을 죽이는 그림자'가 지나갈 것이다. 땅 위로 구름처럼 무언가가 지나갈 것이고, 그 아래로 그림자가 드리울 것인데, 그런 구름이 지나가는 자리마다 '죽음'이 있을 것이다. 이것은 '원자 폭탄'이 터진 이후에 나타나는 '방사능 구름'일 수 있고, 어쩌면 그보다 더 끔찍한 것일 수도 있다. 이런 일이 대환란 끝 무렵에 일어나고 있을 때, 『**죽음의 그림자의 땅에 거하는 자들 위에 빛이 비치었도다.**』(사 9:2)라는 말씀이 이루어질 것인데, 곧 '의의 태양'이신 예수 그리스도께서 재림하시는 것이다."

또한 하나님께서는 『**낮을 밤으로 어둡게**』(8절) 만드실 수 있고, 『**바다의 물들을 불러 지면에다**』(8절) 부으실 수도 있으며, 『**강한 자들을 대적하사 패망한 자들에게 힘을**』(9절) 주실 수도 있다. 다시 말해 예수 그리스도의 재림 때, 『**패**

망한 자들』인 "이스라엘 백성들"이 주님을 찾게 되면, 하나님께서는 "그들을 패망시킨 강한 자들," 곧 "이방 민족들"을 대적하실 것이고(암 1,2장), "패망한 그분의 백성들"에게는 힘을 주실 것이다. 또한 그 백성들로 하여금 요새를 공격하게 하심으로써, 대환란 기간에 그들을 패망시켰고, 또 패망시키려 하는 "이방 민족들"을 완전히 진멸시키고 패망하게 하실 것이다. 말하자면 재림 때 주 하나님께서는 이스라엘의 힘이 되실 것이고, 이스라엘을 보호하시며 그들을 완전히 회복시키시는 것이다(욜 3:16,17, 슥 12:8).

<u>예수 그리스도의 재림을 기다리고 있다면 "주 하나님"을 찾으라</u>. 주 하나님을 온전히 의뢰하라. 선을 구하고 악을 구하지 말라. 악을 미워하고 선을 사랑하라. 공의를 세우고 의를 행하라. 모든 종교적이고 형식적인 예배와 신앙생활을 버리고 "참된 경배자"가 되라. 하나님의 말씀에 경청하고 하나님의 법에 주의를 기울이라. 주님은 이제 곧 오신다! **『그때 이 모든 것이 녹아 버리리니 너희가 모든 거룩한 행실과 경건에 있어 어떠한 사람들이 되어야겠느냐? 하나님의 날이 오기를 고대하고 열망하라... 점 없고 흠 없이 평강 가운데서 그분께 발견되도록 힘쓰라... 악한 자들의 미혹에 이끌려 자신의 견고한 입장에서 떨어지지 않도록 주의하라. 오직 은혜와, 우리 주 곧 구주 예수 그리스도를 아는 지식 안에서 자라가라. 영광이 이제와 영원토록 그에게 있을지어다. 아멘』**(벧후 3:11,12,14,17,18).

MEMO

■ 새롭게 깨달았거나 적용할 내용이 있다면 적어 보세요. ■

NOTES

NOTES

제 5 과

남왕국 유다가 책망받는 이유

(6장)

『시온에 평안히 있는 자들과 사마리아의 산을 신뢰하는 자들, 곧 이스라엘 집이 따르는 민족들의 우두머리라 불리는 자들에게 화로다』(암 6:1).

선지자의 임무 : 죄에 대한 책망

하나님께서는 "구약 시대"를 "선지자들"을 통해 이끌어 오셨다. "선지자의 기본 임무"는, 첫째, 미래에 일어날 일에 관한 "예언"이고, 둘째, 죄에 대한 "책망"이다. 특히 "세상의 모든 재앙의 원천은 죄악으로 가득 찬 마음에 있다."라고 강조했다. 사실 선지자들이 주로 활동했던 시기는 그 어떤 때보다도 "죄악이 만연한 시대"였다. "밥 존스 시니어"는, "구약의 선지자들은 타락과 배교의 시대에 하나님의 부르심을 받은 사람들이었다."라고 말했다. 죄악이 극심한 시기에 하나님의 명령들을 수행하고 죄에 대해 강력하게 책망했던 것인데, 이런 이유로 선지자들은 당대의 왕이나 백성들로부터 고난과 고통, 박해, 핍박 등을 많이 받을 수밖에 없었다(약 5:10).

이처럼 선지자 "아모스"도 죄에 대해 강도 높게 책망했는데, "아모스"가 경고한 "책망의 메시지"를 듣고 있으면 이보다 더 강력한 설교도 없다는 생각이 들게 된다. "아모스"는 하나님께서 예언하라고 명령하신 "심판의 메시지"를 거침없이 선포했고, 여기에는 어떤 주저함도, 머뭇거림도 없었다. "사람들의 가려운 귀"를 즐겁게 하거나 "사람들의 호감"을 사기 위해 "좋은 게 좋은 것"이라는 식으로 변죽이나 울리며 이야기하지 않았다. 오늘날 배교한 목사들에게나 걸맞은 "신사다움"이나 "부드럽고 다정한 분위기"는 눈을 씻고 찾아볼 수 없었다. "아모스"가 예언하는 책망의 메시지는 마치 지옥에서나 느낄 수 있을 법한 정도의 섬뜩함이 느껴진다!

남왕국 유다를 향한 강력한 책망(1-6절)

> 『시온에 평안히 있는 자들과 사마리아의 산을 신뢰하는 자들, 곧 이스라엘 집이 따르는 민족들의 우두머리라 불리는 자들에게 화로다. 너희는 칼네로 건너가서 보라. 너희는 거기서부터 큰 성읍 하맛으로 가서 필리스티아인들의 가드로 내려가라. 그들이 이 왕국들보다 나으냐? 아니면 그들의 변경이 너희의 변경보다 더 크냐? 너희는 악한 날을 멀리 두고 폭력의 자리를 가까이 오게 하며 상아 침상들 위에 누우며 그들의 평상들 위에서 기지개를 펴며 양무리에서는 어린양들을, 우리 가운데서는 송아지들을 취하여 먹으며 비올 소리에 맞춰 노래부르고 다윗처럼 스스로 악기를 만들며 대접으로 포도주를 마시고 귀한 향유를 자기들에게 부으면서도 요셉의 고난으로 인해 슬퍼하지 아니하는도다』(암 6:1-6).

지금까지(1-5장) 주로 "북왕국 이스라엘"을 대상으로 책망했던 "아모스"는 이제 6장으로 넘어오면서 "남왕국 유다"를 향해 "엄중한 심판"을 경고하고 있다. 우선 "남왕국 유다"는 『**시온에... 있는 자들**』(1절)로 불리는데, 이는 "남왕국 유다"의 수도 "예루살렘"이 "시온 산" 위에 있기 때문이다. 기원전 1048년경, "다윗왕"은 "여부스인들"에게서 "예루살렘"을 빼앗았는데, 그 성읍이 바로 "시온의 요새"이자, "다윗 성읍"이다(삼하 5:6-9). 이렇듯 "시온"은 "남왕국 유다"에 소속된 지역이고, "시온에 있는 자들"은 그곳에 거주하는 "남왕국 유다 사람들"을 의미한다.

또한 "남왕국 유다"는 『**우두머리**』(1절)로도 불리는데, 『**우두머리**』는 "백성들"보다 "남왕국 유다의 지도자들"에게 더 부합하는 표현이다. 다시 말해 "유다의 지도자들"인 "왕들"이 『**민족들**』(1절), 곧 "이방인들"의 『**우두머리**』로 불리는 것이다. 물론 이것은 "남왕국 유다"가 "전성기를 누렸던 시대"에 적용되는 이야기이다. "유다"가 율법을 잘 지켰을 때는 하나님의 보호하심으로 "강성한 국가"가 될 수 있었고, 또 "민족들의 우두머리 국가"로서의 위상을 유감없이 드러낼 수 있었다(cf. 창 49:10, 출 19:5, 신 28:1). 실제로 "다윗"에서 "솔로몬"으로 이어지는 "80년간의 통치 기간"은 이스라엘 역사상 "최고의 전성기"였고, "진정한 우두머리 국가"로서 전혀 손색이 없을 만큼 국력이 가장 강했던 기간이다. 이런 점에서 "남왕국 유다"는 『**민족들의 우두머리**』(1절)로 불릴 수 있다. 한편 『**이스라엘 집**』(1절)은 『**민족들의 우두머리**』인 "남왕국 유다"를 따랐는데, 실제로 이스라엘 왕국이 "남왕국 유다"와 "북왕국 이스라엘"로 분열되기 전인 "다윗과 솔로몬의 통일 왕국 시대"에, "이스라엘 집"이 "공의와 의"(암 5:24)를 구하며 이들 "두 왕," 즉 『**민족들의 우두머리**』에게 다가갔던 것이다.

하지만 지금 "아모스 시대"의 "남왕국 유다"는 어떤 상태로 전락했는가? 그들은 지금 『**시온에 평안히**』(1절) "거하고" 있다. 이것은 결코 "긍정적인 의미"가 아니다! "남왕국 유다"가 『**시온에 평안히**』 "거하고" 있는 모습은, 전장에 나가 부하들과 함께 한창 싸우고 있어야 했을 "다윗"이 싸움터에 나가지는 않고 "한가로이" 지붕 위에서 빈둥대며 "밧세바"와 음행의 죄를 "평안히" 즐겼던 것과 매우 유사한 장면이다. 이처럼 "남왕국 유다"는 하나님께서 그들에게 주신 "은혜롭고 평화로운 시간"을, 하나님의 뜻에 따라 올바르게 사용하지 않고 "세상적이고 육신적인 방식"으로 즐기면서 가증한 죄들을 짓는 데 잘못 사용하고 있었다.

그러한 "죄"는 "소돔의 죄악"과도 매우 유사했다(겔 16:45-50). 성경에서 "소돔"은 "부패와 타락," 특히 "성적 타락의 대명사"인데, "아모스" 시대의 "예루살렘"은 "가장 타락한 소돔"보다 더 "부패"했다(사 1:4,10). 좀 더 구체적으로 말하면, "남왕국 유다의 우두머리들"은 『**자만과 양식의 충분함**』(겔 16:49)이 가져다주는 "평안한 삶" 속에서 『**게으름**』(겔 16:49)을 피웠고, 공의와 정의를 저버린 채 가난한 자들을 돌보지 않았으며, 또 "가증한 짓들"을 행했다. 바로 이런 의미에서 본문 1절이 "남왕국 유다"를 『**시온에 평안히 있는 자들**』이라고 말씀하는 것이다.

그런가 하면 『**시온에 평안히 있는**』 "우두머리들"은 『**사마리아의 산을 신뢰하는 자들**』(1절)이기도 한데, 여기서 "사마리아"는 "북왕국 이스라엘"의 수도이다. 말하자면 "남왕국 유다"는, 당대 최강국인 "앗시리아의 군대"가 홍수처럼 몰려온다 해도, "북왕국 이스라엘"의 "요새"인 『**사마리아의 산**』이 북방 지역에서 그들을 든든히 지켜줄 것이라고 "신뢰"한 것이다. 하지만 정작 "앗시리아"가 쳐들어왔을 때는 "북왕국 이스라엘"이 완전히 패망했고, 그들이 신뢰했던 "사마리아의 산"의 "요새"는 "남왕국 유다"를 지켜 주지 못했다. 결국 "앗시리아"의 "산헤립"이 파죽지세로 밀고 내려와 "예루살렘"을 포위했고, "남왕국 유다"까지 멸망시키려고 하는 상황에 이르게 된다. 당시 "산헤립"의 부하인 "랍사케"는 "주 하나님"과 "히스키야왕"을 비방하고 조롱하면서 이렇게 말했다. 『**민족들의 신들 가운데 도대체 누가 앗시리아 왕의 손에서 그의 땅을 구해 내었느냐? 하맛의 신들과 아르팟의 신들이 어디 있느냐? 스팔와임과 헤나와 이와의 신들이 어디 있느냐?** <u>**그들이 내 손에서 사마리아를 구해 내었더냐?**</u> **나라들의 모든 신들 가운데 내 손에서 그들의 나라를 구해 낸 자가 누가 있기에 주가 내 손에서 예루살렘을 구해 내겠느냐?**』(왕하 18:33-35) 이처럼 『**사마리아의 산**』은 "신뢰할 만한 존재"가 못 되었다.

이와 "같은 맥락"에서, 하나님께서는 『**칼네로 건너가서 보라.**』(2절)라고 지시하셨고, 그다음으로는 『**거기서부터**』(2절) "시리아"의 『**큰 성읍 하맛으로**』(2절) "가라!"라고 명령하셨으며, 더 나아가서는 『**필리스티아인들의 가드로 내려가라.**』(2절)라고 지시하셨다. 그러면서 『**그들**[사마리아의 산]**이 이 왕국들**[시리아와 필리스티아]**보다 나으냐? 아니면 그들**[시리아와 필리스티아]**의 변경이 너희**[남왕국 유다]**의 변경보다 더 크냐?**』(2절)라고 물으셨다. 당연히 "사마리아"가 더 낫지 않았고, "남왕국 유다"의 『**변경**』이 더 크지 않았다. 왜냐하면 "시리아"와 "필리스티아"처럼 "북왕국 이스라엘" 역시 "앗시리아"에 의해 멸망했고, 또 "남왕국 유다"의 변경, 곧 "국경"은 상당히 좁아져서, "예루살렘이 함락될 위기"에까지 놓여 있었기 때문이다. 결국 "남왕국 유다"와 "예루살렘"은 "앗시리아"에 의해서는 아니더라도, 이후 세계를 제패한 "바빌론"을 통해 철저히 유린당하게 되는데, 그들을 향한 "심판"과 "재앙" 및 "화"가 결코 멀리 있지 않았던 것이다.

그러나 "남왕국 유다"는 전혀 회개하지 않았고, "엄중한 경고"를 무시했으며, 그런 "멸망과 재앙의 날"을 "머나먼 미래의 일"로 치부하며 태평하게 지내고 있었다. 『**너희는 악한 날을 멀리 두고**』(3절). 여기에서 『**악한 날**』은 "주의 날"로, "심판과 멸망의 날"을 가리킨다(암 5:16-18). "남왕국 유다"는 『**악한 날**』이 "지금 당장" 일어나지 않을 것이라 여기면서 애써 "평안히" 지내려고 했다. 하지만 결국 그들은 길거리에서 "개"처럼 살해되고, 여자들은 강탈당하고, 아이들은 노예로 팔리는 "비참한 최후"를 맞게 된다(애 1-4장). 여하튼 이들은 『**악한 날**』, 곧 그들을 향한 "심판의 날"은 『**멀리 두고**』, "북왕국 이스라엘"처럼(암 3:10) 『**폭력의 자리를 가까이 오게**』(3절) 하고 있었는데, "남왕국 유다" 안에 "모든 공의와 의"가 무너져 내리고 "폭력과 강탈"만이 하늘 높은 줄 모르고 쌓여 가고 있었던 것이다.

결국 하나님께서는 『**폭력의 자리를 가까이 오게**』 하는 "남왕국 유다"를 벌하셨으니, 그들이 자행한 똑같은 방법인 "폭력"으로 심판하셨다(렘 52:8-11). 다시 말해 "바빌론 왕"이 "하맛" 땅, "리블라"에 있는 "그의 자리"에서 "남왕국 유다"의 마지막 왕 "시드키야"에게 "폭력의 판결"을 내린 것이다(렘 52:9-11). 이러한 사실은 예언의 "이중적인 적용"에 따라 "대환란" 기간에 등장할 "적그리스도"에게도 적용된다. 『**폭력의 자리**』(3절)는 『**사탄의 자리**』(계 2:13) 및 『**불의의 보좌**』(시 94:20)와 밀접한 연관이 있는데, "사탄"은 "대환란" 기간에 "적그리스도"로 등장하여 "그의 자리"에 앉아 온 세상을 "폭력"으로 판결하고 통치할 것이다. 따라서 『**폭력의 자리**』는 "적그리스도의 보좌"를 가리키고, "바빌론 왕, 느부캇넷살"은 대환란 기간에 유대인들을 대대적으로 박해하라는 "폭력의 판결"을 내릴 "적그리스도"의 예표가 된다.

하지만 이러한 엄중한 경고에도 불구하고, 『**시온에 평안히 있는**』(1절) "남왕국 유다"는 아주 고급스러운 "상아 침상들" 위에 누워 한가로이 기지개나 폈고, 값비싼 "양고기"와 "송아지 고기"를 즐기고 있었다. 그러면서 "악기"에 맞춰 노래를 불렀으며, "다윗"처럼 악기를 만들었다(4,5절). 물론 "다윗왕"처럼 하나님을 찬양하려는 순수한 목적으로 노래와 곡조를 만들고 악기를 만들어 부른 것이 아니다. 그들은 순전히 "쾌락과 유흥"을 즐기는 데만 목적이 있었으니, "대접"으로 술을 퍼 마시고 비싼 향유를 부으며 연회와 유흥을 즐겼던 것이다(6절). 그러면서 그들은 『**요셉의 고난**("앗시리아"에 의해 멸망하고 포로로 사로잡혀 간 "북왕국 이스라엘"의 고난)**으로 인해 슬퍼하지**』(6절) 않았으며, 특히 그러한 고난으로부터 어떠한 교훈도 배우지 않았고, 또 배우려 하지도 않았다.

■ 새롭게 깨달았거나 적용할 내용이 있다면 적어 보세요. ■

MEMO

남왕국 유다에 대한 심판의 경고(7-14절)

『그러므로 이제 그들은 사로잡혀가는 자 중에 첫째로 사로잡혀 갈 것이며 기지개를 폈던 자들의 연회도 그치리라. **주** 만군의 하나님이 말하노라. 주 **하나님**이 스스로 맹세하기를 '나는 야곱의 탁월함을 증오하며 그의 궁전들을 미워하느니라. 그러므로 내가 그 성읍을 그 안에 있는 모든 것과 함께 넘겨주리라.' 하였노라. 한 집에 열 사람이 남는다 해도 그들이 죽으리라. 사람의 삼촌이 그를 취할 것이요, 그를 태우는 자가 그 집에서 뼈들을 가지고 나오기 위해 그 집 곁에 있는 사람에게 말하기를 "너와 함께한 자가 아직 있느냐?" 할 것이요, 그가 "없다." 고 말하리라. 그러면 그 사람이 말하기를 "말하지 말라. 이는 우리가 **주**의 이름을 일컬을 수 없음이니라." 하리니 이는, 보라, **주**가 명하노니 그가 큰 집을 쳐서 훼파할 것이요, 작은 집을 쳐서 틈이 갈라지게 할 것임이니라. 말들이 바위 위에서 달릴 수 있겠느냐? 사람이 거기서 소들로 밭을 갈겠느냐? 이는 너희가 공의를 쓸개로 바꾸었고 의의 열매를 독초로 바꾸었음이라. 너희가 아무것도 아닌 것을 기뻐하며 말하기를 "우리가 우리 자신의 힘으로 우리에게 뿔들을 취하지 아니하였느냐?" 하는도다. 그러나 보라, **주** 만군의 하나님이 말하노라. 오 이스라엘 집아, 내가 너희를 대적하여 한 민족을 일으키리니 그들이 헤맛 입구에서부터 광야의 강까지 너희를 괴롭히리라』(암 6:7-14).

이제 하나님께서는 "남왕국 유다"를 심판하시는데, 침상에 누워 기지개나 펴면서 태평하게 연회와 유흥을 즐겼던 지도자들을 가장 먼저 사로잡혀 가게 하신다(7절). 또한 "시온 성읍"인 "예루살렘"을 완전히 멸망시키시되(8절), "한 사람"도 남아 있지 않게 "완전히" 진멸하시는 것이다. 결국 그들은 "주의 이름"을 언급조차 할 수 없는 지경까지 이르게 된다(10절). **실로 끔찍한 재앙이 그들에게 임하는 것인데, 이러한 사실은 역사적으로 "바벨론"의 "느부갓넷살왕"의 침공 때 성취되었고, 예언적으로는 "대환란 기간"에 성취된다.**

특히 "대환란 기간"에는 "전 세계적인 재앙"인 "문둥병"으로 많은 사람이 죽을 것이다(9절). 그리고 "전염병"에 걸려 사망한 "시체들"이 불태워질 것인데(10절), 이는 "시체들"이 "전염병"을 확산시키기 때문이다. 결국 "전염된 집" 바깥에 있는 사람만이 "살아남는 유일한 사람"이 될 것이다(cf. 레 14:34-45). "홀로 살아남게 된 사람"은 『**그 집 곁에**』(10절) 있으면서 『**너와 함께한 자가 아직 있느냐?**』(10절)라는 질문을 듣게 되고, 그는 『**없다.**』(10절)라고 대답하게 된다. 이는 "극심한 재앙" 속에 모두 다 죽었기 때문이다. 바로 그때 "그 대답"을 듣고 심히 안타까워하는 사람이 "홀로 남은 그 사람"을 불쌍히 여겨 위로해 주려고 할 때, "재앙을 당한 당사자"는 그 "위로의 말"을 가로막으며 이렇게 말한다. "아니오! 아무 말도 하지 마시오! 우리는 '주의 이름'을 일컬을 수조차 없게 되었소! 제발 그 입 좀 다무시오!" 이유가 무엇인가? "재앙"이 너무 극심하기 때문이다. 『**이는, 보라, 주가 명하노니 그가 큰 집을 쳐서 훼파할 것이요, 작은 집을 쳐서 틈이 갈라지게 할 것입이니라**』(11절). 실제로 하나님께서는 "바벨론 왕, 느부갓넷살"을 통해 "남왕국 유다"를 완전히 쓸어 버리셨고, 이 재앙은 "대환란 기간"에 "적그리스도"에 의해 다시 한번 재현될 것이다.

이렇듯 "죄"로 가득 찬 "남왕국 유다"는 심판과 멸망을 피할 수 없다. **그들은, "바위 위"에서는 "말들"이 달릴 수 없고, 또 "소들"이 밭을 갈 수 없음에도 불구하고(12절), 마치 그러한 일들이 가능한 것인 양 그런 "헛되고 불가능한 일들"에 몰두하고 있었다.** 『**공의를 쓸개로**』(12절) 바꾸고 『**의의 열매를 독초로**』 바꾸는(12절) 자들이 하는 일이란 다 그런 식인 것이다. 그들은 거짓되이 회개하고, 거짓되이 맹세하며, 거짓되이 언약을 세우는 자들로서(호 10:4), "모세"를 통해 주신 "율법"을 범하고, "율례"를 바꾸고, "영원한 언약"을 어겼다(사 24:5). 결국 하나님께서는 그러한 백성들을 심판하시는데, 『**심판이 밭고랑에 독초처럼 솟아나**』(호 10:4)도록 하시는 것이다.

또한 "남왕국 유다"는 『**아무것도 아닌 것을 기뻐하며... "우리가 우리 자신의 힘으로 우리에게 뿔들을 취하지 아니하였느냐?"**』(13절)라고 말한다. "성경"에서 "뿔"은 "왕"을 상징하기도 하고(단 7:7,8, 계 17:12), "권세"나 "권력"을 의미하기도 한다(출 27:2, 단 8:3,6,7,20, 암 6:13, 합 3:4, 슥 1:18 등). 다시 말해 "이스라엘 백성"은 "뿔들"을 뽑아 취하면서 "자기들의 권력"을 자랑한 것이다. 하지만 그러한 권력은 하나님으로부터 나온 것이 아니었고, "사탄"이 자신을 섬기고 숭배하는 그들의 손에 쥐어 준 권력이었을 뿐이다. 특히 "뿔들"은 "사탄"인 "용"과 "적그리스도"인 "짐승"과 밀접한 관련이 있다. 다시 말해 "자기들의 권력"을 자랑하는 "남왕국 유다"의 배후에 그들이 신뢰하는 "옛 뱀"인 "사탄"이 있는 것이다. **그러한 "남왕국 유다"를 하나님께서 철저히 심판하시는 것인데, "온 이스라엘 집"을 대적하여 "앗시리아"를 일으키실 것이고, 또 그들을 괴롭히시되, 특히 "북왕국 이스라엘"이 포로로 사로잡혀 갈 것이라고 경고하신다**(14절). 북쪽의 "하맛"부터 남쪽의 "나일 강"에 이르기까지, "이스라엘 땅"은 "앗시리아"에 의해 완전히 초토화될 것이다.

"성경의 예언"은 "미리 기록된 역사"이다. 따라서 이 책 안에 기록된 모든 예언들은 가까운 미래에 반드시 제시간에 실제로 일어날 수밖에 없다. 아니, 필연적으로 일어나게 되어 있다. 이는 성경이 『**하늘과 땅은 없어져도 내 말들은 결코 없어지지 아니하리라.**』(마 24:35, 막 13:31, 눅 21:33)라고 말씀하기 때문이다. 따라서 이 땅의 모든 인간은 감히 "하나님의 엄중한 말씀" 앞에서 함부로 입을 열거나 경거망동해서는 안 되는 것이다.

NOTES

NOTES

제 6 과

이스라엘을 위해 중보하는 아모스

(7장)

『내가 말씀드리기를 "오 주 **하나님**이여, 내가 주께 간구하오니 용서하소서. 야곱이 미약하오니 그가 누구를 의지하여 일어나리이까?" 하니 **주**께서 이로 인하여 마음을 돌이키시기를 "**주**가 말하노니, 이 일이 일어나지 아니하리라." 하셨도다』(암 7:2,3).

아모스의 "응답받은 중보 기도"

『주 **하나님**께서 내게 보이신 것이 이와 같도다. 보라, 나중 자란 것이 움돋기 시작할 때에 그가 황충들을 지으셨으니, 보라, 그것은 왕이 풀을 벤 후에 자란 나중 것이라. 그 황충들이 땅의 풀들을 다 먹었을 때 내가 말씀드리기를 "오 주 **하나님**이여, 내가 주께 간구하오니 용서하소서. 야곱이 미약하오니 그가 누구를 의지하여 일어나리이까?" 하니 **주**께서 이로 인하여 마음을 돌이키시기를 "**주**가 말하노니, 이 일이 일어나지 아니하리라." 하셨도다. 주 **하나님**께서 내게 보이신 것이 이와 같으니, 보라, 주 **하나님**께서 불로 싸우도록 부르셨으니 그 불이 큰 깊음을 삼켰으며 그 일부를 먹었도다. 그때 내가 말씀드리기를 "오 주 **하나님**이여, 내가 주께 간구하오니 그치소서. 야곱이 미약하오니 그가 누구를 의지하여 일어나리이까?" 하니 **주**께서 이로 인하여 마음을 돌이키시기를 "주 **하나님**이 말하노니 이 일도 일어나지 아니하리라." 하셨도다』(1-6절).

아모스 7장 전반부에는 "황충들이 땅을 먹어 치우는 환상"(2절)과 "불이 큰 깊음을 삼키는 환상"(4절), 그리고 "이스라엘 가운데에 두신 다림줄 환상"(7절)이 나온다.

주님께서 지으신 "황충들"(1절)은 이스라엘이 먹을 것이 남지 않을 때까지 땅의 모든 것을 먹어 치웠다. 그것들은 **『왕이 풀을 벤 후에 자란 나중 것』**, 곧 왕이 자기 먹을 것(삼상 8:10-18, 왕상 4:22,23)을 베고 난 후 남은 것들(일반 백성의 몫)을 먹어 치웠다. 주님께서는 아모스의 중보 기도를 들으시고 "마음을 돌이키셨지만"(3절), 기근은 미래에 또다시 일어날 것이다(계 6:6). **『이 일이 일어나지 아니하리라.』**(3절)라는 말씀은 아모스가 살아 있을 동안에 그럴 것이라는 뜻이며, 미래에 다시 일어나게 된다. 우리는 소선지서를 읽을 때 "예언적 의미"를 놓쳐서는 안 된다.

『**그 불이 큰 깊음을 삼켰으며**』(4절)에서 『**큰 깊음**』은 문자 그대로 창세기 1:2의 "깊음"을 의미한다. "불이 먹은 그 일부"(『**그 불이 큰 깊음을 삼켰으며 그 일부를 먹었도다.**』)는 원래의 창조 때 있었던 깊음의 한 부분을 가리킨다. 4절의 『**불**』은 아모스가 설교할 때 그 깊음을 삼키지 않았다. 그 일은 영원 세계가 시작되기 전에 일어날 것이다. 『**또 내가 큰 백보좌와 그 위에 앉으신 분을 보니, 그의 면전에서 땅과 하늘이 사라졌고 그들의 설 자리도 보이지 않더라**』(계 20:11). 요한계시록 21:1에서는 더 이상 "바다"(깊음)가 없다(『**또 내가 새 하늘과 새 땅을 보니, 처음 하늘과 처음 땅은 사라지고, 바다도 더 이상 있지 아니하더라.**』). 왜냐하면 큰 깊음이 불에 타서 사라져 버렸기 때문이다. 『**그러나 주의 날이 밤에 도둑같이 오리니 그 날에는 하늘들이 굉장한 소리를 내며 사라지고 우주의 구성 요소들이 맹렬한 불로 녹아내리며 땅과 그 안에 있는 일들이 타버릴 것이라. 그때 이 모든 것이 녹아 버리리니 너희가 모든 거룩한 행실과 경건에 있어 어떠한 사람들이 되어야겠느냐? 하나님의 날이 오기를 고대하고 열망하라. 그때는 하늘들이 불에 타서 녹아 버리고 우주의 구성 요소들도 맹렬한 불에 녹아내릴 것이나 우리는 그의 약속대로 의가 거하는 새 하늘들과 새 땅을 기다리도다**』(벧후 3:10-13). 주님께서 "불"과 관련하여 『**이 일도 일어나지 아니하리라.**』(6절)라고 말씀하셨을 때 그것은 B.C. 783-722년을 가리키는 것이지 미래에 일어나지 않는다는 뜻이 아니었다. 이스라엘의 죄 때문에 깊음을 불사를 정도라면, 이스라엘 민족이 우주 역사에서 갖는 위상이 실로 대단한 것임을 알 수가 있다.

선지자 아모스는 이스라엘을 위해 "중보 기도"를 했는데, 성경에는 "중보자"와 "중보 기도"에 관해 다음과 같이 다양한 계시가 주어져 있다.

1. 예수 그리스도께서는 하나님과 사람 사이의 유일한 중보자이시다. 『하

나님은 한 분이시요, 하나님과 사람 사이에 중보자도 한 분이시니, 곧 사람이신 그리스도 예수시라』(딤전 2:5).

2. 예수 그리스도께서는 죄인들을 위한 중보자이시다. 『그러므로 내가 위대한 자와 더불어 한 몫을 그에게 나누어 줄 것이며, 그가 강한 자들과 더불어 탈취물을 나눌 것이니 이는 그가 자기의 혼을 부어 죽음에 이르게 하였으며, 또 그는 범죄자들과 더불어 헤아림을 받았으나 그가 많은 사람들의 죄를 지며 범죄자들을 위하여 중보를 하였음이라』(사 53:12). 『그러므로 그는 또한 자기를 통하여 하나님께 나아오는 자들을 끝까지 구원하실 수 있으니, 이는 그가 항상 살아 계셔 그들을 위하여 중보하심이라』(히 7:25).

3. 예수 그리스도께서는 성도들을 위한 중보자이시다. 『누가 정죄하리요? 죽었다가 다시 살아나신 분은 그리스도시라. 그분은 또한 하나님의 오른편에 계셔서 우리를 위하여 중보하시느니라』(롬 8:34).

4. 예수 그리스도께서는 두 가지 "새 언약"(the new testament, the new covenant)의 중보자이시다. 『이런 연유로 그는 새 언약[the new testament]의 중보자이시니, 이는 첫 언약 때에 범죄한 것들을 구속하시려고 죽으심으로써 부르심을 받은 자들로 그 영원한 유업의 약속을 받게 하시려는 것이라』(히 9:15). 『새 언약[the new covenant]의 중보자이신 예수와, 아벨의 피보다 더욱 좋은 것을 말하는 뿌리는 피에 이르렀느니라』(히 12:24). 『그러나 이제 그는 더 좋은 약속들 위에 제정된 더 좋은 언약[a better covenant]의 중보자이신 만큼 더욱 훌륭한 직분을 얻으셨느니라』(히 8:6).

5. 하나님께서는 중보자가 없는 것을 이상히 여기신다. 『주께서 사람이 없음을 보시고 중보자가 없는 것을 이상히 여기셨으므로, 자기 팔로 자신에게 구원을 가져왔고, 자신의 의, 곧 그것으로 자신을 지지하셨도다』(사 59:16).

6. 하나님께서는 완악한 사람들을 위한 중보 기도를 "마침내" 거부하실 때가 있다. 『그러므로 너는 이 백성을 위하여 기도하지 말라. 또 그들을 위하

여 소리 높여 부르짖지도 말고 간구하지도 말고 나에게 중보하지도 말라. 이는 내가 너를 듣지 아니할 것임이라』(렘 7:16).

7. 중보 기도를 통해 최악의 상황이 바뀔 수도 있다. 『그래도 그들이 선지자들이고 주의 말씀이 그들과 함께 있다면 그들로 이제 만군의 주께 중보하게 하여 주의 전에 남아 있는 기명들과 유다 왕의 집에 있는 것과 예루살렘에 있는 것들을 바빌론으로 옮겨가지 않도록 하라』(렘 27:18).

8. 성령님께서는 성도들의 연약함을 도와 하나님의 뜻대로 중보해 주시는 분이시다. 『이와 같이 성령께서도 우리의 연약함을 도우시나니 이는 우리가 마땅히 기도해야 할 것을 알지 못하나 성령께서 친히 말할 수 없는 신음으로 우리를 위하여 중보하시기 때문이라. 마음을 살피시는 분이 성령의 생각이 무엇인지 아시나니 이는 그분이 하나님의 뜻대로 성도들을 위하여 중보하시기 때문이라』(롬 8:26,27).

9. 성도 한 사람의 중보 기도로 인해 "성읍"과 "민족"의 멸망을 막을 수 있다. 『내가 그들 가운데서 한 사람을 찾으려 했으니 그 사람은 장벽을 쌓아 그 땅을 위하여 내 앞에서 갈라진 틈에 서서 나로 그 성읍을 멸하지 못하게 할 사람이라. 그러나 나는 아무도 찾지 못하였노라』(겔 22:30). 『하나님께서 미리 아신 자기 백성을 버리지 아니하셨느니라. 너희는 성경이 엘리야에 관하여 말한 것을 모르느냐? 그가 하나님께 이스라엘에 대하여 중보하여 말씀드리기를』(롬 11:2). 『그러므로 주께서 그들을 멸망시키리라 말씀하셨으나 그의 택하신 모세가 갈라진 틈에서, 그의 앞에 서서 그의 진노를 돌이켜 그들을 멸하시지 않게 하였도다』(시 106:23).

10. 하나님께서는 "모든 사람"을 위한 중보를 명하신다. 『그러므로 내가 무엇보다도 먼저 권하노니, 모든 사람을 위하여 간구와 기도와 중보와 감사를 하되 왕들과 권세 있는 모든 사람을 위하여 하라. 이는 우리가 모든 경건과 청렴함 가운데 평온하고 조용한 생활을 하려 함이라』(딤전 2:1,2).

기도에 관한 위대한 약속들

성경에는 기도에 관한 위대한 약속들이 있다(막 11:24, 요일 5:14,15, 요 15:7, 엡 3:12-20, 빌 4:6,19, 마 7:7,8, 눅 11:9-13, 히 4:16). 선지자 아모스의 중보 기도는 응답을 받았는데, "응답받는 기도"의 조건들은 무엇일까?

1. 하나님의 뜻 안에서 기도해야 한다. 『**그러나 내가 원하는 대로 하지 마옵시고 아버지께서 원하시는 대로 하옵소서**』(마 26:39, 롬 8:27 참조). 물론 성경을 연구하지 않으면 하나님의 뜻을 결코 발견할 수 없으며, 하나님의 뜻이 말씀에 근거한다는 것을 알지 못한다.

2. 우리가 먼저 남을 용서하면 하나님께서는 우리의 기도를 들으시고 응답하신다. 『**너희가 서서 기도할 때에 만일 어떤 사람과 적대 관계에 있다면 그를 용서하라**』(막 11:25).

3. 믿음을 가지고 기도해야 한다. 『**그러므로 내가 너희에게 말하노니, 너희가 기도할 때에 바라는 것들은 무엇이나 받은 것으로 믿으라. 그리하면 너희 것이 되리라**』(막 11:24). 『**오직 믿음으로 구하고 아무것도 의심하지 말라. 의심하는 자는 마치 바람에 밀려 요동하는 바다 물결과 같으니 그 사람은 주께로부터 어떤 것이든 받으리라 생각하지 말라**』(약 1:6,7).

4. 하나님의 계명을 지켜야 한다. 『**무엇이든지 구하는 것을 그에게서 받나니, 이는 우리가 그의 계명들을 지키고 그의 목전에 기쁨이 되는 일들을 행함이라**』(요일 3:22). 하나님을 불쾌하게 하는 뭔가를 당신이 행하고 있을 때 어떻게 기도의 응답을 기대할 수 있는가? 당신은 하나님을 기쁘게 하는 것과 그렇지 않은 것이 무엇인지를 알고 있다.

5. 그리스도 안에 거해야 한다. 『**너희가 내 안에 거하고 내 말들이 너희 안에 거하면 너희가 원하는 것은 무엇이나 구하라. 그러면 너희에게 이루어지리라**』(요 15:7).

6. 성령 안에서 기도해야 한다. 『**성령 안에서 기도하며**』(유 1:20).

7. 예수 그리스도의 이름으로 기도해야 한다. 『**지금까지는 너희가 내 이름으로 아무것도 구하지 아니하였으나 구하라. 그러면 받을 것이니 너희 기쁨이 충만케 하려 함이라**』(요 16:24).

기도가 응답받지 못하는 이유는, 많은 경우 기도하는 그 사람에게 문제가 있기 때문이다. 수많은 기도가 매일 응답되고 있지만, 응답되지 않는 기도도 흔하기 때문에 우리는 그 이유를 알아야 한다.

가장 본질적인 이유가 "이사야 59:1,2"에 언급되어 있다. 『**보라, 주의 손이 짧아서 구원하지 못하심도 아니요, 그의 귀가 둔하여 듣지 못하심도 아니라. 오직 너희 죄악들이 너희와 너희 하나님 사이를 나누었고 너희 죄들이 그의 얼굴을 너희로부터 가렸기에 그가 듣지 아니하심이라.**』 즉 "응답받지 못하는 기도"에는 "이기심"(약 4:2,3). "두 마음을 품는 것"(약 1:7,8). "용서하지 않는 마음"(엡 4:32, 막 11:25), "원망"(약 5:9), "가혹함"(골 3:19, 벧전 3:7), "마음에 품고 있는 죄"(시 66:18)와 같은 문제가 있는 것이다.

하나님께서는 세 가지 방식으로 기도에 응답하신다. ① **된다.** ② **안 된다.** ③ **기다리라.**

기도는 성도가 직접 기도함으로써 배울 수 있다. 응답해 주신 기도에 대해서는 늘 감사를 드려야 한다. 사도 바울은 기도에 관해 다음과 같이 말했다. 『**아무것도 염려하지 말고 다만 모든 일에 기도와 간구로 너희의 구하는 것들을 감**

사함으로 하나님께 알려지게 하라. 그리하면 모든 지각을 초월하시는 하나님의 평강이 그리스도 예수 안에서 너희의 마음과 생각을 지키시리라』(빌 4:6,7). 기도하는 사람은 이 약속을 붙들어야 한다. 그리고 다음의 말씀들도 꼭 붙들어야 한다. 『**그러나 나의 하나님께서 그리스도 예수를 통하여 영광 가운데서 그의 풍요함을 따라 너희의 모든 필요를 채워 주실 것이라』**(빌 4:19). 『**내게 능력 주시는 그리스도를 통하여 내가 모든 것을 할 수 있느니라』**(빌 4:13). 『**그러므로 우리가 은혜의 보좌로 담대히 나아가자. 이는 우리가 자비를 얻고 필요한 때에 도우시는 은혜를 발견하기 위함이라』**(히 4:16). 『**이는 그가 말씀하시기를 "내가 너를 떠나지 아니하고 너를 버리지 아니하리라."고 하셨음이라』**(히 13:5). 그러나 "잊지 말아야" 할 것은 주님께서 『**내 은혜가 네게 충분하도다.』**(고후 12:9)라고 말씀하실 때도 있다는 점이다.

하늘의 기준 - "다림줄 환상"

『그가 내게 보이신 것이 이와 같으니, 보라, 주께서 다림줄로 만든 벽 위에서 손에 다림줄을 가지고 서 계셨도다. 주께서 내게 말씀하시기를 "아모스야, 네가 무엇을 보느냐?" 하시기에 내가 말씀드리기를 "다림줄이니이다." 하였더니 주께서 말씀하시기를 "보라, 내가 내 백성 이스라엘 가운데 다림줄을 둘 것이요, 내가 다시는 그들을 지나가지 않으리라. 이삭의 산당들이 황량하게 되고 이스라엘의 성소들이 황폐케 되리니 내가 여로보암의 집을 대적하여 칼을 가지고 일어나리라." 하셨도다』(7-9절).

아모스에게 다림줄을 보여 주신 하나님께서는 『**보라, 내가 내 백성 이스라엘 가운데 다림줄을 둘 것이요, 내가 다시는 그들을 지나가지 않으리라.』**(8절)

라고 말씀하시면서 이스라엘에 대한 심판을 예언하셨다(9절). **이 심판은 이스라엘이 스스로 불러일으킨 심판이며, 그 원인은 "하나님의 다림줄," 곧 "하늘로부터 주어진 기준"을 따르지 않았던 데 있었다.**

"**다림줄**"은 벽돌공이나 목수가 사용하는 측량 도구이다. "**위에서부터 아래로**" 측량 추를 드리워 반듯하게 수직을 잡는다. 위에서부터 일을 시작하지 않는다면 수직으로 건물을 올릴 수 없다. 영적인 일도 마찬가지다. **모든 기준은 "위에서" 내려온다.** 측량 추가 달린 줄을 아래에서 위로 던져 놓고 건물을 지으려는 것은 매우 어리석은 일이다. "**위에 계신 하나님**"께서 명령하시지 않은 미사에 참여하고 황금률을 지킴으로써 하늘나라에 이르려고 하는 일은 매우 어리석은 것이다. 모든 세상 종교는 다림줄을 아래에서 위로 던지는 것들이기에 땅으로 곤두박질만 칠 뿐이다. **땅에서 시작하여 하늘에 오르려고 하는 불교, 도교, 유교, 힌두교, 이슬람교, 카톨릭, 유대교, 그리고 배교한 "기독교"는 지옥으로 추락한다. 성경에 계시된 구원은, "위에서 아래로" 내려오신 하나님의 아들을 믿음으로써 받을 수 있다.** 이것이 하늘 아래에서 구원을 주는 "**참된 종교**"이다(행 4:12). 다른 모든 종교는 다림줄을 위로 집어 던지면서 진창 속에서 뒹구는 것과 같다. **구원은 하나님의 보좌에서 시작되어 아래로 내려온다.** 이 순서를 뒤바꾸어 땅에서 하늘로 도달하려고 한다면 도둑이나 강도로(요 10:1) 여겨져서 강제로 쫓겨난다(마 22:13).

『보라, 내가 내 백성 이스라엘 가운데 다림줄을 둘 것이요』(8절). **하나님께서 이스라엘 가운데 두셨던 가장 위대한 "다림줄"은 죄 없는 사람(요 15:20-24), 곧 "예수 그리스도"이셨다.** 그 "다림줄"께서 나타나시자 인간은 자신의 죄에 대해 변명할 수 없게 되었고, 또한 "**죄의 기준**"이 생겼다. **『만일 내가 와서 그들에게 말해 주지 아니하였더라면 그들에게 죄가 없었을 것이나, 이제는 그들이 자기들의 죄에 대하여 변명할 것이 없도다』**(요 15:22). **『죄에 대하여라 함은 그들이 나를 믿지 않기 때문이요』**(요 16:9).

아모스를 박해하는 벧엘의 제사장

『그때 벧엘의 제사장 아마샤가 이스라엘의 여로보암왕에게 사람을 보내어 말하기를 "아모스가 이스라엘 집 가운데서 왕을 대적하여 음모를 꾸몄으니 이 땅이 그의 모든 말들을 견딜 수 없나이다." 하였으니 이는 아모스가 이같이 말하기를 "여로보암은 칼에 죽을 것이요, 이스라엘은 반드시 그들의 본토에서 사로잡혀가게 되리라."고 하기 때문이라. 아마샤가 또한 아모스에게 말하기를 "오 너 선견자여, 가라. 너는 유다 땅으로 도피하여 거기에서 빵을 먹고 거기에서 예언하되 벧엘에서는 더 이상 예언하지 말라. 이는 그곳이 왕의 예배당이요, 그곳이 왕의 궁정임이라." 하니라』 (10-13절).

아모스가 벧엘에 있는 사람들에게 환상들을 보여 주자마자 금송아지를 섬기는 제사장들의 우두머리 아마샤가 나타났다. 이 "제사장"에 의하면 아모스는 하나님께서 부르신 설교자가 아니라, "왕을 대적하는"(10절) 사람이다. 아마샤에게 아모스는 "**정치적으로 이롭지 못한**" 설교자였다. 아모스는 백성을 사랑하지 않는데, 그 이유는 "**이 땅이 그의 모든 말들을 견딜 수 없기**"(10절) 때문이다. 이처럼 "**부정적인 사고방식**"(11절)으로 가득 찬 아모스는 직분을 박탈해야 하고(13절) 사역을 중지시켜야 한다(12절)는 것이었다.

문제의 핵심은 "이 땅이 그의 모든 말들을 견딜 수 없다"는 데 있었다. 아모스가 전한 말씀들은 죄다 "부정적"이었던 것이다. 『**죽을 것이요... 반드시... 사로잡혀가게 되리라**』(11절). "**성경침례교회**"에서 거리설교를 나온 "**아모스**"는 사람들에게 "**지옥**"을 외치는 "**광신자**"였다. 그러한 아모스에게는 "**죽기 싫으면 유다 땅으로 도피하여 그곳에서 빵을 먹고 거기서 예언하라**"는 경고가 떨어졌다

(12절). “**네가 다니는 성경침례교회에서나 지옥 이야기를 하라.**”라는 식이었다. “금송아지”가 신인 곳에서 그러다가는 “목숨이 위협당할” 것이고, “먹고 살지도” 못할 것이라는 협박이었다.

하지만 위와 같은 협박은 아모스에게 통하지 않았다. 이 세상 그 누구도 아모스나 미카야, 침례인 요한, 예레미야 같은 선지자를 굴복시킬 수는 없다(왕상 22장, 막 6장, 렘 38:15). 아모스는 미카야처럼(왕상 22:27) “고생의 빵”을 먹어야 한다면 기꺼이 먹을 것이다. “왕의 예배당”(13절)에서 벧엘의 제사장과 함께 먹는 음식을 거부할 것이다. 아모스는 결코 물러남이 없이 자신의 소명에 대해 다음과 같이 담대히 선언했다.

『그러자 아모스가 대답하여 아마사에게 말하기를 “나는 선지자도 아니요, 선지자의 아들도 아니라. 다만 나는 목동이요, 뽕나무 열매를 거두는 자였노라. 내가 양떼를 따라가는데 **주**께서 나를 취하셔서 **주**께서 내게 말씀하시기를 ‘가서 내 백성 이스라엘에게 예언하라.’ 하셨느니라. 그러므로 이제 너는 **주**의 말씀을 들으라. ‘네가 말하기를 이스라엘을 대적하여 예언하지 말며 이삭의 집을 대적하여 네 말을 떨어뜨리지 말라 하는도다. 그러므로 **주**가 이같이 말하노라. 네 아내는 성읍에서 창녀가 될 것이요, 네 아들들과 딸들은 칼에 쓰러지리라. 네 땅은 줄을 재어 나뉠 것이요, 너는 오염된 땅에서 죽을 것이며 이스라엘은 반드시 자기 땅에서 사로잡혀 갈 것이라.’” 하니라』(14-17절).

아모스가 “설교하는 동기”는 자신의 배를 위한 것(롬 16:18)이 아니었기 때문에 “빵”을 가지고 위협하는 것은 아무런 의미가 없었다. 아모스는 자신이 “선지자”도 아니고 “선지자의 아들”도 아니라고 했다. 예언을 천직으로 삼은 것도 아니고, 아버지가 선지자이기에 덩달아서 선지자가 된 것도 아니라고 했다. 즉 아버지의 지도 아래 선지자 학교에서 훈련을 받은 선지자가 아니라는 것이다(cf. 왕하 2:1-15; 4:1; 4:38; 5:22; 6:1-7; 9:1). 아모스는 선지자들의 "신학교"를 졸업하지 않았다. "세상에서 인정받는" 사람도 아니었고, "정부의 인가"와는 거리가 멀었으며, 흔히 말하는 "권위"나 "자격"과도 관련이 없었다. 아모스는 선지자와 무관한 "목동"이요 "뽕나무 열매를 거두는 사람"이었는데, 어느 날 "양떼를 따라가다가" 선지자로 부름을 받았던 것이다.

말하자면 **아모스는 배교한 신학교에서 양성된 "생계형 목사"가 아니라 "생업에 종사하던 중" 하늘로부터 소명이 주어진 "부름받은 목사"였다**. 아마샤가 여로보암왕에게 충성했다면, 아모스는 그를 선지자로 부르신 하나님께 충성했다. "**왕에 대한 충성**"과 "**하나님께 대한 충성**"이 아마샤와 아모스 사이에서 "**충돌**"했을 때, 아모스는 결코 물러남이 없이 "**하나님께 대한 충성**"을 고수했다. 그러한 아모스가 아마샤에게 한 대답은 무례하고, 공격적이고, 심히 거칠었다. 『**그러므로 주가 이같이 말하노라. 네 아내는 성읍에서 창녀가 될 것이요, 네 아들들과 딸들은 칼에 쓰러지리라. 네 땅은 줄을 재어 나뉠 것이요, 너는 오염된 땅에서 죽을 것이며 이스라엘은 반드시 자기 땅에서 사로잡혀갈 것이라**』(17절). 아모스에게는 "인간에 대한 사랑" 같은 것은 찾아볼 수 없었고, "사람을 그리스도께로 인도하는 다정한 분위기" 같은 것도 없었다. 아모스의 반격은 오히려 사도 바울이 디도에게 준 명령을 정확히 실행한 것이었다. 『**그러므로 너는 그들을 엄히 꾸짖어 그들로 믿음 안에서 건전해지게 하고 유대인들의 꾸며 낸 이야기와 진리에서 벗어난 사람들의 계명들에 귀를 기울이지 못하게 하라**』(딛 1:13,14).

"피터 럭크만 목사"는 "**하나님의 선지자들은 설탕 막대들이 아니다.**"라고 했다. "**하나님의 선지자들은 이 땅의 소금이다. 선지자들이 드러나 상처에 닿으면 그곳에서는 불이 붙는다.**" 당신도 이 마지막 때의 선지자인가? 그렇다면 죄인들에게 『**그러므로 이제 너는 주의 말씀을 들으라.**』(16절)라고 담대히 말할 줄 알아야 한다.

NOTES

NOTES

제 7 과

주의 말씀을 듣지 못하는 기근
(8장)

『주 **하나님**이 말하노니, 보라, 그 날들이 오리라. 내가 그 땅에 기근을 보내리니 빵의 기근도 아니요, 물로 인한 갈증도 아니라 오직 **주**의 말씀들을 듣지 못하는 기근이니라』(암 8:11).

"여름 과일 한 광주리"의 환상

『주 **하나님**께서 내게 보이신 것이 이와 같도다. 여름 과일 한 광주리를 보라. 그가 말씀하시기를 "아모스야, 네가 무엇을 보느냐?" 하시기에 내가 말씀드리기를 "여름 과일 한 광주리니이다." 하였더니 **주**께서 내게 말씀하셨도다. 내 백성 이스라엘에게 끝이 왔도다. 내가 다시는 그들을 지나가지 않으리라. 그 날에는 성전의 노래들이 애곡이 될 것이니라. 주 **하나님**이 말하노라. 모든 곳에 많은 시체들이 있으리니 사람들이 그것들을 조용히 내어 버리리라』(1-3절).

"아모스 8:1,2"의 "**여름 과일 환상**"과 "7:7-9"의 "**다림줄 환상**"은 주님께서 『**내가 다시는 그들을 지나가지 않으리라.**』(7:8; 8:2)라고 말씀하셨다는 점에서 공통점을 지니고 있다. 둘 다 『**이스라엘에게 끝**』(2절), 곧 그 민족의 종말이 이르렀음을 보여 주는 환상인 것이다(7:9; 8:3). 참고로, 기근을 가져오는 "황충들의 환상"(7:2)에서는 "대환란"에 관한 예언을 읽을 수 있고, "불이 큰 깊음을 삼키는 환상"(7:4)에서는 "새 하늘들"이 펼쳐질 영원 세계와 관련된 예언을 읽을 수 있는데, 이곳 "8:1-3"(여름 과일 한 광주리의 환상)과 "7:8,9"(다림줄 환상)에서는 이스라엘이 학살당하고 포로로 잡혀가는 가까운 미래를 예언적으로 볼 수 있다.

주의할 것은, "7:8,9"은 북이스라엘의 여로보암의 집에 초점이 맞춰져 있는 반면, "8:2,3"은 북쪽 열 지파에 대한 심판 그 이상을 의미한다는 점이다. 왜냐하면 3절에서 『**그 날에는 성전의 노래들이 애곡이 될 것이니라.**』라고 말씀함으로써 "성전"이 있는 "남왕국"에 대한 심판을 언급하셨기 때문이다. 하지만 "호세아 12:2"에서 『**주께서 또한 유다와 논쟁하시고 야곱을 그의 행위대로 벌하실

것이며, 그의 행실대로 그에게 보응하시리라.』라고 말씀하신 것을 보면, 북왕국을 겨냥한 "다림줄 환상" 또한 결국에는 남왕국까지 적용됨을 알 수 있다.

"**여름 과일**"은 "예레미야 8:20"과 연결되는데, 『**여름이 끝났고 추수가 지났어도 우리는 구원을 받지 못하는도다.**』라는 말씀에서 보듯이 아모스의 "여름 과일 한 광주리"는 "구원받지 못한 이스라엘"을 보여 준다. "**여름 과일**"은 팔레스타인 땅에서 가장 늦게 수확되는 열매이며, 그 수확이 이루어지면 일 년 동안의 농사가 그 순환을 마치게 된다. 농부들은 더 이상 수확할 과일이 없게 되는데, 이 점은 하나님께서 완악한 이스라엘을 위해 하실 수 있는 일이 더 이상 없음을 뜻한다. "이사야 5:4"이 이 점을 잘 나타내고 있다. 『**내가 내 포도원에 행했던 것 외에 무엇을 더 했어야 했느냐?**』 즉 "이제는 이스라엘을 위해서 해줄 것이 더 이상 없다. 그들은 내 모든 노력에도 고침받기를 거부했기 때문에 멸망밖에 남은 것이 없다."라는 것이다. 『**내 백성 이스라엘에게 끝이 왔도다. 내가 다시는 그들을 지나가지 않으리라**』(2절).

『오 궁핍한 자를 삼키며 그 땅의 가난한 자를 망하게 하는 너희야, 이 말을 들으라. *너희는* 말하기를 "언제 새 달이 지나서 우리가 곡식을 팔 수 있을까? 언제 안식일이 지나서 우리가 밀을 내놓되 에바를 작게 하고 세켈을 크게 하여 저울을 거짓으로 속일 수 있을까? 그리하여 우리가 은으로 가난한 자를 사며 신 한 켤레로 궁핍한 자를 사고 참으로 밀 찌꺼기를 팔 수 있을까?" 하는도다』(4-6절).

본문은 얄팍한 "**상업주의**"를 다루고 있다. 장사꾼들은 가난한 자들을 속여서 돈을 버는 데 여념이 없다. 그들은 새 달과 안식일에는 전혀 관심이 없으며, 오직 그 날들이 빨리 지나가서 "**속이는 저울**"로 가난한 자들에게서 이윤을 더 얻어 내는 데만 관심이 있다(4,5절). 그들은 자기 형제들을 가난하게 만들어 은이나 맨발을 가릴 신발 한 켤레를 주고서 그들을 노예로 사 버릴(6절, cf. 레 25:39) 뿐만 아니라, 먹지도 못할 "밀 찌꺼기"를 팔아(6절) 돈을 벌 궁리만을 하고 있는 것이다.

피터 럭크만 목사는 "상업 그 자체는 성경과 관련이 없다."라고 했다. 상업이 안식일, 혼의 고귀함, 거리설교, 억압받는 자들, 불행한 자들과 무관한 것처럼, 상업은 하나님과도 무관하다고 했다. 예수 그리스도께서는 "돈"에 팔리셨으며, 사도 바울은 "돈을 사랑하는 것이 모든 악의 뿌리"라고 했다(딤전 6:10). 돈에 대한 악한 사랑은 "불량 도서들"을 찍어 내는 "출판업계"에서도 발견되는데, 특히 "변개된 성경"을 펴내는 일 또한 "돈"과 관련이 있다. 변개된 성경을 팔아서 이득을 챙기는 악독한 상업주의는 이미 사도 바울 때부터 만연했다. **『항상 우리를 그리스도 안에서 승리하게 하시고 또 어느 곳에서나 우리로 하여금 그분에 관한 지식의 향기를 나타내게 하시는 하나님께 이제 감사하노라. 이는 우리가 구원받은 사람들에게나 멸망하는 사람들에게나 하나님 앞에서는 그리스도의 향기이기 때문이라. 정녕 이 사람들에게는 사망에 이르는 사망의 향기이나 저 사람들에게는 생명에 이르는 생명의 향기라. 누가 이런 일들을 원만히 감당하겠느냐? 우리는 하나님의 말씀을 변개시킴으로써 *이익을 취하는* 여러 사람들과 같지 않고 오직 성실함으로써 또 하나님께로부터 난 자로서 하나님 앞에서와 그리스도 안에서 말하노라』**(고후 2:14-17). 사도 바울은 그가 주님을 섬기던 시기에 이미 "**변개된 성경**"을 팔아 이익을 취하는 "**성경 장사꾼들**"이 있다고 했다. 그들은 자신이 믿지도 않는 말씀을 변개시켜서 팔고 다녔는데, 목적은 오직 "이익을 위해서"였다. 오늘날에도 자기가 믿지도 않는 성경을 변개시켜 팔아먹는 **성경 출판업자들**이 있다. 바울에 따르면, 그런 자들은 그리스도 안에서 승리할 수도 없고, 그리스도에 관한 지식의 향기를 나타낼 수도 없다. 변개된 성경으로는 그와 같은 일이 아예 불가능한 것이다. 오히려 그들은 "**복음의 말씀**"에서 "**사망의 향기**"를 맡았기에 그 말씀을 변개하기를 주저하지 않는다. 그

말씀이 "자신"을 겨냥한다는 것을 알았기에 불쾌해서 변개시켜 버린 것이다. 그러면서도 그것이 "하나님의 말씀"이라고 "속임으로써" "이익을 취하고" 있는 것이다.

> 「하나님의 말씀을 변개하는 일은 사도 바울 시대에 이미 일어나고 있었다. 사도 바울이 그 점을 말했을 때에는 신약성경이 절반도 쓰이지 않았었기에, 바울이 언급한 것은 다름 아닌 "구약성경"의 변개였다. 최초의 성경 변개는 구약 정경에 "외경"을 갖다 붙인 것이었고, 그 일은 이집트 알렉산드리아에서 일어났다. 성경에 대한 최초의 "원문비평가"였던 이집트 알렉산드리아의 오리겐이 직접 변개시킨 것들은 물론, 그 전에 이집트에서 변개된 것들을 헬라어 신약 필사본에 섞어 넣는 행위를 당시에 알게 된 것은 결코 우연의 일치가 아니다. 게다가, 사도 바울은 그것이 "몇 안 되는 소수"가 아니라 『**여러 사람들**』이라고 말했다. 따라서 "가장 오래된 필사본이 더 나은 필사본"이라고 말하는 원문비평학의 "정경"이 반드시 참된 것은 아니다. 멀게는 A.D. 55년부터 벌써 바울의 편지를 제멋대로 고쳐 놓는 자들이 있었으니, 하나님께서 자신의 말씀을 보존하기 위해 일하시는 것과 마찬가지로, 마귀도 그의 것을 보존키 위해 똑같은 열심으로 일하고 있다고 장담할 수 있는 것이다.」(피터 럭크만)

"상업주의"에 물든 장사꾼들은 자신의 생명과 생업이 자기 마음대로 될 것으로 착각하고 있다. 『**이제 오라, "오늘이나 내일 우리가 어느 성읍으로 가서 거기서 일 년쯤 지내며, 사고 팔아 수익을 올리리라." 하는 자들이여 너희가 내일 일어날 일을 알지 못하나니 너희 생명이 무엇이냐? 잠깐 보이다가 사라지는 안개니라. 오히려 너희가 "주께서 원하시면 우리가 살겠고, 또 이것이나 저것을 할 수 있으리라."고 말해야 할 터인데 이제 너희가 너희의 자만 가운데 기뻐하**

고 있으니 그러한 기쁨은 다 악하니라. 그러므로 선을 행할 줄 알면서도 행치 아니하는 자에게는 그것이 그 사람에게 죄가 되느니라』(약 4:13-17). 주님께서 "**생명**"을 걷어 가시면 "**생업**"도 끝나게 되어 있다. 그들은 소위 "**순간을 위해 사는**" 인간들인 것인데, 그들은 **그날그날의 필요를 위해 주님을 의지**하는 것(마 6:25)이 아니라, 자기가 "**소유한 것**"을 자신의 "**생명**"으로 여기며 한 푼이라도 더 챙기려고 혈안이 되어 있다. **소유가 늘면 생명도 늘어나는 것처럼 생각하는 것이다**. "**영원**"에 대해서는 전혀 생각하지 않은 채 지금 당장 "**육신**"을 만족시키려고만 하는 그들은 영원을 위한 준비가 전혀 되어 있지 않는 사람이며, 자신의 "**불멸하는 혼**"을 "**돈 몇 푼**"과 맞바꾼 어리석은 사람들이다. 『**그러나 하나님께서 그에게 말씀하시기를 '너 어리석은 자야, 오늘 밤 네 혼을 네게서 앗아 가리니 그러면 네가 장만한 그것들이 누구의 것이 되겠느냐?' 하시니라. 그러므로 자신을 위하여는 보물을 쌓아 두고 하나님 앞에 부요하지 못한 자는 다 이러하니라**』(눅 12:20,21). 『**사람이 온 세상을 얻고도 자신의 혼을 잃는다면 무슨 유익이 있겠느냐?**』(막 8:36) 따라서 "부자"가 되려고 혈안이 되어 속임수 쓰기를 마다하지 않는 자들은 "**아굴의 소원**"에 유념해야 한다. 『**내게서 허황된 것과 거짓을 제해 주시고, 나를 가난하게도 마시고 부하게도 마시며 내게 필요한 양식으로 나를 먹이소서. 이는 내가 배불러 주를 부인하며 말하기를 "주가 누구냐?" 할까 함이며, 또 내가 가난하여 도둑질하고 내 하나님의 이름을 욕되게 할까 함이니이다**』(잠 30:8,9).

성경은 인간이 결코 현재의 소유에 만족하지 못하며(전 5:10), 그런 인간이 이 세상에서 부유하게 되려고 하면 파멸과 멸망에 빠지게 된다고 경고한다(딤전 6:9). 그리스도인이 돈을 사랑하고 욕심을 내면 "**믿음에서 떠나**" 방황하다가 "**많은 슬픔으로**" 자신을 찌르게 되는 것이다(딤전 6:10). "**이 세상에서 부유한 자**"가 되는 것과 "**선한 일에 부요한 자**"가 되는 것 사이에서 후자를 선택해야 할 이유는, 그렇게 함으로써 "**오는 때를 대비한 좋은 기초**"를 쌓고 "**영원한 생**

명을 붙들" 수 있기 때문이다(딤전 6:17-19). 그렇지 않고 "**이익이 경건**"이라고 생각하고만 있다면, 그 사람은 "**진리를 상실한**" 것이다(딤전 6:5). 그리스도인이 참된 이익을 위해 투자해야 할 곳은 이 세상이 아니라 "위에" 있다. 『**위에 있는 것들에 너희 마음을 두고 땅에 있는 것들에 마음을 두지 말라**』(골 3:2, cf. 마 6:21).

주님께서는 이스라엘에서 일어나고 있는 사악한 상업주의를 결코 잊지 않고 심판하실 것이라고 말씀하신다. 『**주는 야곱의 탁월함으로 맹세하기를 "실로 내가 그들의 일들 중 어떤 것도 결코 잊지 아니하리라." 하였느니라. 이로 인하여 그 땅이 떨지 않겠으며 그 안에 거하는 모든 사람이 애통해 하지 않겠느냐? 그 땅이 전부 홍수처럼 일어날 것이며 또 그 땅이 이집트의 홍수에 의한 것처럼 버려지고 잠기리라**[cf. 계 12:15,16, 단 9:26]. **주 하나님이 말하노라. 그 날에는 내가 정오에 해를 지게 하며 대낮에 땅을 어둡게 하리라**[계 16:10]. **또 내가 너희의 명절들을 애통으로 너희의 모든 노래들을 애가로 변하게 하리라. 또 내가 모든 허리들에 굵은 베옷을 가져올 것이요, 모든 머리들로 대머리가 되게 하며 또 내가 그 날을 외아들로 인한 애통으로 그 끝을 쓰라린 날로 만들리라**』(7-10절). "상업주의"에 대한 이와 같은 심판은 심지어 『**사람들의 혼들**』(계 18:13)까지도 상품화하는 "**상업적 바빌론**"에 대한 심판으로 귀결될 것이다(계 18장).

■ 새롭게 깨달았거나 적용할 내용이 있다면 적어 보세요. ■

MEMO

주님께서 예고하신 "기근"

『주 **하나님**이 말하노니, 보라, 그 날들이 오리라. 내가 그 땅에 기근을 보내리니 빵의 기근도 아니요, 물로 인한 갈증도 아니라 오직 **주**의 말씀들을 듣지 못하는 기근이니라. 사람들이 바다에서 바다까지, 북쪽에서 동쪽까지 방황할 것이요, 사람들이 **주**의 말씀을 찾으려고 이리저리 달릴 것이나 그것을 찾지 못하리라. 그 날에는 아름다운 처녀들과 청년들이 갈증으로 인하여 기진하리라. 사마리아의 죄로 맹세하고 말하기를 "오 단이여, 네 신이 살아 있도다."[북이스라엘의 우상 숭배] 하며 "브엘세바의 방식은 살아 있도다."[남유다의 배교한 제사장들이 브엘세바에서 우상에게 분향함, 왕하 23:8] 하는 자들, 그들은 쓰러져서 결코 다시 일어나지 못하리라』(11-14절).

8장의 결론으로, "주의 말씀들을 듣지 못하는 기근"이 예언되고 있다. 기근의 범위는 "바다에서 바다까지, 북쪽에서 동쪽까지"로, 말씀을 듣지 못하는 기근이 그야말로 "전 세계적으로" 있을 것이다. 말하자면 20세기 초에 교회들이 〈킹제임스성경〉을 버리고 변개된 성경을 택하면서 주의 말씀들을 듣지 못하는 기근이 엄습했다. 『**사람들이 주의 말씀을 찾으려고 이리저리 달릴 것이나 그것을 찾지 못하리라.**』(12절)라는 예언은 우리를 다니엘 12장으로 데려간다. 『**그러나, 오 너 다니엘아, 마지막 때까지 그 말씀을 닫고 그 책을 봉하라. 그 때에는 많은 사람이 이리저리 달릴 것이요 지식이 증가하리라**』(단 12:4). 사람들이 "이리저리 달리고" 지식이 증가하는 때는 바로 지금인데, 바로 이 시대에 "주의 말씀들을 듣지 못하는 기근"이 임한 것이다("변개된 성경" 때문!). 사도 바울 또한 "마지막 날들"에는 『**항상 배우나 진리의 지식에는 결코 이를 수 없느니라.**』

(딤후 3:7)라고 함으로써 동일한 기근을 예언했다. 교회들이 〈킹제임스성경〉을 버린 뒤로는, 세상에 지식이 증가하고 그리스도인들이 "이리저리 달리며" 성경을 배우러 다녀도 참된 말씀을 배우는 것이 아니기에, 여전히 "주의 말씀들을 듣지 못하는 기근"에 허덕이며 헛된 종교 생활만 하고 있는 것이다.

주님께서는 그 "기근" 때문에 "**<u>처녀들</u>**"과 "**<u>청년들</u>**"이 갈증으로 기진할 것이라고 말씀하셨다(13절). **<u>과거 이스라엘이 멸망하기 전에 살았던 젊은이들이 그러했고, 앞으로 대환란 기간에 살게 될 144,000명의 남자 동정들이 그러할 것이며, 지금 이 시대, 곧 변개된 가짜 성경이 난무하는 시대에 젊은이들이 그러하다!</u>** 지금의 젊은이들에게 필요한 것은 "**<u>절대적으로 신뢰할 만한 권위를 지닌 바른 성경</u>**"뿐이다. 예수 그리스도께서는 『**아버지의 말씀은 진리니이다.**』(요 17:17)라고 말씀하셨다. 바른 말씀이 없다면 진리가 없는 것이고, 진리가 없다면 아무리 배워도 진리의 지식에 이르지 못하여 영적 갈증에 허덕일 뿐이다. 한국 교회의 청년들이 교회를 떠나 세상에서 방황하는 데는 다 이유가 있다. 그들에게 필요한 것은 바른 말씀인 〈한글킹제임스성경〉뿐이다! 마지막 때의 청년들이 바른 말씀으로 진리의 지식에 이를 때, 비로소 세상에서의 방황을 끝낼 수 있다(요일 2:15-17).

■ 새롭게 깨달았거나 적용할 내용이 있다면 적어 보세요. ■ MEMO

NOTES

제 8 과

무너진 다윗의 장막의 회복 (9장)

『내가 그들을 그들의 땅에다 심으리니 그들이 다시는 내가 그들에게 주었던 그들의 땅에서 뽑히지 아니하리라. **주** 너의 하나님이 말하노라』(암 9:15).

예언의 중심 "이스라엘"

"이스라엘"이 "예언의 중심"인 이유는, 성경에 나오는 800개 이상의 예언들 대부분이 직접적이든, 간접적이든, 하나님께서 친히 선택하신 "이스라엘 백성"과 밀접한 연관성이 있기 때문이다. 말하자면 하나님께서 "이스라엘 민족"을 "예언의 중심"에 두신 것이다. 인류의 역사를 주관하시는 하나님께서는 친히 다스리실 "메시아 왕국"을 구성하는 "핵심 국가"로 "이스라엘"을 일방적으로 선정하셔서, 그들을 "이방 민족들" 위에 높이 세우셨다(창 12:1-3).

하나님께서 궁극적으로 계획하신 "왕국의 질서"는 "이스라엘"을 중심으로 하는 질서이다. 가장 위대한 민족인 "이스라엘"을 중심으로 땅의 모든 족속이 복을 받게 되는 세계 질서가 주님께서 의도하신 질서이며, 그러한 "국제 질서"로 재편될 "천년왕국"에 관해, 성경은 "창세기"부터 "요한계시록"에 이르기까지 계속 반복적으로 예언하고 있다. 그래서 성경의 주제인 "메시아 왕국"에 관해 예언하는 내용들 대부분이 그 "메시아 왕국"의 중심 국가인 "이스라엘"에 초점이 맞춰질 수밖에 없다. 그런 면에서 볼 때, 현 교회 시대에 하나님으로부터 완전히 버림받은 "이스라엘"은 "성경의 예언"에 따라 반드시 회복되어야 한다. 물리적으로든, 영적으로든, 완전히 회복될 "이스라엘"이 반드시 그들의 땅으로 돌아와 "메시아 왕국"의 "핵심 수도"와 "핵심 국가"를 구성해야 하는 것이다. 이제 살펴볼 "아모스 9장"은 그러한 사실을 잘 보여 주고 있다.

흩어짐에 관한 예언(1-10절)

『내가 보니 주께서 제단 위에 서서 말씀하셨도다. 문인방을 쳐서 기둥들이 흔들리게 하고 그들 모두의 머리를 자르라. 그리하면 내가 그 마지막 사람들을 칼로 살육하리라. 그들 가운데서 도망치는 자는 도망치지 못할 것이요, 그들 가운데서 도피하는 자는 구제되지 못하리라. 그들이 지옥으로 파고 들어간다 할지라도 내 손이 거기서 그들을 끌어낼 것이요, 그들이 하늘까지 올라간다 할지라도 내가 거기서 그들을 끌어내릴 것이라. 그들이 갈멜 산 꼭대기에 숨을지라도 내가 거기서 그들을 찾아 꺼낼 것이요, 그들이 내 눈을 피해 바다 밑에 숨을지라도 내가 거기서 뱀에게 명하리니 뱀이 그들을 물 것이며 그들이 그들의 원수들 앞에서 사로잡혀간다 할지라도 거기서 내가 칼에게 명하리니 칼이 그들을 살해할 것이라. 또 내가 그들 위에 내 눈을 고정시키리니 재앙을 위함이요, 복을 위함이 아니니라』(암 9:1-4).

위 본문에서 『**제단… 문인방… 기둥들**』(1절)은 "예루살렘 성전"과 연관이 있다. 다시 말해 하나님께서 "남왕국 유다"에 있는 "성전 제단" 위에 서셔서, "남왕국 유다"에 내리실 심판을 경고하시는 것이다. "바빌론 왕, 느부캇넷살"에 의해서든, "대환란 기간"에 "적그리스도"에 의해서든, "성전"이 황폐하게 될 때, 누군가가 "성전의 현관 문" 위를 가로지르는 "문인방"을 강하게 내리칠 것이고, 그렇게 되면 "성전 문" 양옆에 있는 "성전 기둥들"(왕상 7:21)이 심하게 흔들리게 되고, 또 성전의 "기둥들의 머리들"(cf. 왕하 25:13), 곧 "기둥머리들"(왕상 7:16-19)이 잘려서 떨어져 나가게 될 것이다. 그러한 일이 벌어질 때 "성전"을 위시해서 "예루살렘"에 남아 있는 『**마지막 사람들**』은 『**칼로 살육**』될 것이다(1절). 특히,

"성전 기둥들의 머리들이 잘려지는 것"을 통해 암시받을 수 있듯이, "대환란 기간"에는 "칼로 살해될 이스라엘 백성들"이 "목 베임"을 당하게 될 것이다("참수형," cf. 마 14:10,11, 계 11:7-9).

이러한 "심판"이 내려질 때, "예루살렘"에 남아 있는 『**마지막 사람들**』은 모두 죽고, 도망치지도 못할 것인데(1절), 설령 그들이 도망치기 위해 땅 밑 "지구 중심"에 위치한 『**지옥으로 파고 들어간다 할지라도**』 "하나님"의 『**손이 거기서 그들을 끌어낼 것**』이고, 또 『**하늘까지 올라간다 할지라도**』 "하나님"께서 『**그들을 끌어내릴 것**』이다(2절). 이른바 "우주선"을 타고 우주로 뻗어 나가려 하는 인류의 계획이 모두 좌초되는 것이다. 또한 하나님께서는 『**칼멜 산 꼭대기에 숨을지라도 내가 거기서 그들을 찾아 꺼낼 것이요, 그들이 내 눈을 피해 바다 밑에 숨을지라도 내가 거기서 뱀에게 명하리니 뱀이 그들을 물 것**』(3절)이라고 말씀하심으로, "이스라엘 백성들"이 어디로 도망치든 숨을 곳은 없다고 다시 한번 경고하신다. [참고로, 여기에서 『**칼멜 산**』은 "하늘"과 연관이 있고(cf. 솔 7:5,6), 『**바다 밑**』은 "지옥"과 관련이 있으며, "뱀"은 "사탄"인 "옛 뱀," 곧 "리비야단"을 가리킨다.] 이어지는 4절 말씀도 마찬가지다. 『**그들이 그들의 원수들 앞에서 사로잡혀간다 할지라도 거기서 내가 칼에게 명하리니 칼이 그들을 살해할 것이라. 또 내가 그들 위에 내 눈을 고정시키리니 재앙을 위함이요, 복을 위함이 아니니라.**』 온 우주를 창조하시고 다스리시는 "만군의 주 하나님의 눈"을 피해 숨을 곳은 그 어디에도 없는 것이다.

MEMO

■ 새롭게 깨달았거나 적용할 내용이 있다면 적어 보세요. ■

『만군의 주 **하나님**은 땅을 만지는 이니 그러면 땅이 녹을 것이요, 그 안에 거하는 모든 것은 애통해 할 것이며 또 땅이 홍수같이 완전히 일어나 잠기리니 이집트의 홍수로 인한 것처럼 되리라. 하늘에 그의 층들을 짓고 땅에 그의 군대로 기초를 세운 이가 그니, 바다의 물들을 불러 지면에다 붓는 이, 그의 이름은 **주라**』(암 9:5,6).

하늘들 위의 보좌에 앉아 계신 하나님께서는 "만왕의 왕"이시기에 친히 거느리시는 "군대"를 갖고 계신다. 우선 『**하늘의 군상**』(행 7:42)이라 불리는 "하늘의 군대"가 있다("하나님의 천사들," 창 32:1,2). 이 땅에서도 "군대"를 갖고 계신데, 구약 시대에는 "이스라엘"이, 신약 시대에는 "거듭난 그리스도인들"이 "하나님의 군대"로 편제되어 있는 것이다. 그뿐 아니라 하나님께서는 그분의 특별한 목적에 따라, 원하시면 언제라도 "이방의 군대들"까지 움직이실 수 있다. 이처럼 수많은 군대를 이끌고 계신 하나님께서는 "군대 대장"이시고, "전사"이시며, "용사"이시다. 그래서 "구약 성경"에서는 "하나님의 이름"이 "만군의 주," "만군의 하나님," "만군의 주 하나님" 등으로 언급되는데, "수많은 군대," 곧 "만군"의 주 하나님이신 것이다.

한편 하나님께서는 "땅"을 만지시는 분으로서, "땅"을 녹이실 수 있고, "땅"을 홍수처럼 일어나게 하실 수도 있다(5절). 또한 태초에 "하늘과 땅"을 만드신 하나님께서는 "하늘"에 "층들"을 지으시고 "땅"에는 그분의 군대로 "기초"를 세우신 "전능하신 창조주"이시다(6절). 특히 주님께서는 하늘의 "층들"을 "셋"으로 구분하셨다. [참고로, "노아의 방주," "솔로몬 성전," "천년왕국 성전"은 모두 "3층 구조"로 되어 있고, 하늘을 본떠서 만든 모형인 "성막" 역시 "뜰과 성소와 지성소, 세 부분"으로 나누어져 있다.] 게다가 "바다의 물들을 불러서 지면에다 붓는 분이신데, "우주적인 대홍수 때" 부으셨고, "전 지구적인 노아의 대홍수 때"도 바다의 물들을 불러 지면에 부으신 것이다.

『오 이스라엘 자손들아, 너희가 내게 에디오피아인들의 자손들 같지 아니하냐? **주**가 말하노라. 내가 이스라엘을 이집트 땅에서 필리스티아인들을 캅톨에서 시리아인들을 킬에서 인도하여 내지 아니하였느냐? 보라, 주 **하나님**의 눈이 죄 많은 왕국 위에 있으니 내가 그것을 지면에서 멸하리라. 그러나 야곱의 집은 내가 완전히 멸하지 아니하리라. **주**가 말하노라. 이는 보라, 내가 명령할 것임이라. 곡식을 체로 치듯이 내가 모든 민족들 가운데 이스라엘 집을 체질할 것이나, 가장 작은 알곡도 땅에 떨어지지 아니하리라. 내 백성 가운데서 말하기를 "재앙이 우리를 따라잡지도 막지도 못하리라." 하는 모든 죄인들은 칼에 죽으리라』(암 9:7-10).

하나님께서는 그분의 "독특한 보물"이자, "제사장들의 왕국"이요, "거룩한 민족"인 "이스라엘 백성"을(출 19:5,6), "이방의 죄인들," 곧 "죄 많은 이방 민족들"처럼 취급하시는데, 저주받은(창 9:25) "함족"처럼 취급하신다(7절). 그 결과, 하나님께서는 "죄 많은 왕국들"인 "이방 민족들"을 심판하시고 멸망시키시는 것처럼, 『**죄 많은 왕국**』(8절)인 "이스라엘"도 심판하시고 멸망시키실 것이다. 하지만 "이방 민족들"과 "이스라엘," 그 둘 사이에는 "분명한 차이"가 있으니, 그렇게 심판하실지라도 "이스라엘"은 다시 회복시키실 것이다. 완전히 멸망당하지 않는 것이다(8절).

비록 『**재앙이 우리를 따라잡지도 막지도 못하리라.**』(10절)라고 방자하게 말하는 "이스라엘의 죄인들"이 모두 "칼"에 죽는다 해도, "알곡들"의 경우는, "심판자"이신 하나님께서 "이스라엘 집"을 체질하실 때 『**가장 작은 알곡도 땅에 떨어지지**』(9절) 않게 보호하심으로써, 그들이 완전히 멸망하지 않게 하신다. 『**주 하나님의 눈이 죄 많은 왕국**[이스라엘] **위에 있으니 내가 그것**[이스라엘]**을 지면에서 멸하리라. 그러나 야곱의 집은 내가 완전히 멸하지 아니하리라**』(8절). 그래서 선지자 "아모스"의 예언은 궁극적으로 "이스라엘의 회복"으로 끝나게 된다.

천년왕국 기간의 이스라엘(11-15절)

『그 날에 내가 무너진 다윗의 장막을 일으키고 그 틈을 막으리라. 또 내가 그의 파괴된 것들을 일으켜 옛날처럼 세우리니 그들이 에돔의 남은 자와 나의 이름으로 불려지는 모든 이방의 남은 자를 차지하리라. 이 일을 행하는 **주**가 말하노라. **주**가 말하노라. 보라, 그 날들이 이르리니 밭 가는 자가 추수꾼을 앞서며 포도를 밟는 자가 씨 뿌리는 자를 앞서리라. 산들은 단 포도주를 떨어뜨릴 것이요, 모든 작은 산들은 녹으리라. 내가 내 백성 이스라엘의 사로잡힌 자를 다시 데려오리니 그들이 황폐한 성읍들을 세워 그곳에 거주할 것이요, 또 그들이 포도원들을 만들어 그 포도주를 마시겠고 그들은 또한 정원들을 만들어 그 열매를 먹으리라. 내가 그들을 그들의 땅에다 심으리니 그들이 다시는 내가 그들에게 주었던 그들의 땅에서 뽑히지 아니하리라. **주** 너의 하나님이 말하노라』(암 9:11-15).

예수 그리스도께서 이 땅에 재림하셔서 세우실 "천년왕국"에서는, "이스라엘"이 물리적으로든, 영적으로든, 완전히 회복될 것이고, "땅의 농작물"은 "완전한 풍요"를 이룰 것이다(13-15절). 1년에 "4모작"까지 가능할 정도로 "땅"이 기름지고 풍요로워지는데, **『밭 가는 자가 추수꾼을 앞서며 포도를』** "수확해서" **『밟는 자가 씨 뿌리는 자를』** "앞서게" 되고, **『산들은 단 포도주를』** "떨어뜨리며," **『모든 작은 산들은』** "녹게" 되는 것이다(13절, 욜 3:18). 또한 "이스라엘 땅"에는 "백성들"로 넘쳐날 것이다. 이는 "전 세계에 흩어지고 사로잡혀 갔던 백성들"이 다시 돌아올 것이기 때문이다. 그들이 귀환하면, "황폐한 성읍들"은 다시 세워질 것이고(14절), 그 결과 "성경"의 "옛 지명들"도 온전히 되살아날 것이다(슥 2:4-7, 겔 36:10,11,38).

이렇게 완전히 회복되면, "이스라엘"은 "약속의 땅"에 영원히 심겨질 것이며, 그 땅에서 영원히 뽑히지 않게 된다. **『내가 그들을 그들의 땅에다 심으리니 그들이 다시는 내가 그들에게 주었던 그들의 땅에서 뽑히지 아니하리라』**(15절). 우리는 "아모스 9:13-15의 예언이 문자 그대로 이루어질 것이라는 사실"을 온전히 믿어야 한다. "영국"은 이 **『확실한 예언의 말씀』**(벧후 1:19)을 믿지 않았기에, 1917년 11월 2일에 선언한 "밸푸어 선언"을 취소하고 말았고, 결국 "제2차 세계 대전" 때 "독일의 폭격"을 맞아야 했으며, "삼류 국가"로 전락하는 비운을 맞게 되었다. 사실 오늘날 "팔레스타인 땅"을 둘러싼 "중동의 비극"은 "영국"이 "밸푸어 선언"(1917년)에 따른 약속을 제대로 이행하지 않은 데서 비롯되었다.

하지만 "이스라엘"은 "성경의 예언대로" 반드시 회복될 것이다. 특히 "아모스"가 말하는 "이스라엘의 회복의 핵심"은 **『다윗의 장막』**(11절, 사 16:5, 행 15:16)에 있는데, **『다윗의 장막』**은 다음 "네 가지 사항"을 의미한다.

❶ 우선 "다윗"이 "언약궤"를 두기 위해 마련한 "문자적인 장막"을 가리킨다. **『그들이 주의 궤를 들여와 그 자리, 즉 다윗이 궤를 위하여 친 장막 한가운데 두니, 다윗이 주 앞에 번제와 화목제를 드리니라』**(삼하 6:17).

❷ 둘째, "솔로몬 성전"을 의미한다. 이는 "솔로몬 성전"이 "예루살렘"에 세워지면서, 앞선 "다윗의 장막" 안에 놓여 있던 "언약궤"가 바로 이 "성전 안"으로 옮겨졌기 때문이다(왕상 1-7장). 하지만 "솔로몬 성전"은 "바빌론"의 "느부캇넷살"에 의해 왕국이 멸망함과 동시에 무너져 버렸다. 이후 "이스라엘 백성"이 "바빌론 포로"에서 70년 만에 돌아와 "스룹바벨 성전"을 세웠고, 이것이 "헤롯왕" 때에 46년에 걸쳐 "헤롯 성전"으로 크게 증축되긴 했지만, A.D. 70년에 "로마"의 "티투스 장군"이 예루살렘을 함락시키면서 "성전"은 돌 위에 돌 하나도 남지 않고 다 무너져 버렸다.

❸ 셋째, "천년왕국 성전"을 가리킨다. 왜냐하면 앞선 "둘째 항목"에서 보았듯이 "성전"이 무너져 버린 상황에서, 이 **『무너진 다윗의 장막을 일으키고 그**

틈을』(11절) "막는다"는 예언은, 결국 "재림" 때 "이스라엘의 회복"과 더불어 재건될 성전에 적용해 볼 수 있기 때문이다. 에스겔 40-44장에서 볼 수 있듯이, "천년왕국 성전"은 "천년왕국 기간"에 다시 세워지게 된다.

❹ **넷째, "다윗의 영원한 왕국"을 의미한다**. 하나님께서는 "다윗의 언약"(삼하 7:12-16)을 통해 "다윗을 통한 영원한 왕국의 완성"을 약속하셨다. 그래서 "이스라엘"은 회복될 때, "다윗"을 그들의 "통치자"이자, "목자"요, "대장"으로 앞세우면서 회복된다. 『**내 종 다윗이 그들 위에 왕이 될 것이며 그들 모두에게는 한 목자가 있으리라. 그들은 또한 나의 명령대로 행하고 나의 규례들을 준수하며 그것들을 행하리라. 그들은 내가 내 종 야곱에게 주어 너희 조상들이 살았던 그 땅에서 거하리니 그들, 즉 그들과 그들의 자손과 그들 자손의 자손이 영원히 그 안에서 거하리라. 내 종 다윗은 영원히 그들의 통치자가 되리라**』(겔 37:24,25). 이런 사실을 선지자 "아모스"는 『**다윗의 장막을 일으키고 그 틈을**』(11절) "막는 것"으로 설명하고 있다. 말하자면 "다윗의 장막"은 단순히 "문자적인 장막"이나 "성막" 혹은 "성전"만을 의미하지 않고, "다윗의 집," 더 나아가서는 "다윗의 영원한 왕국"을 의미하는 것이다.

이렇게 "다윗의 왕국"이 온전히 회복되는 가운데, "이스라엘"은 『**에돔의 남은 자와**』 "주님"의 『**이름으로 불려지는 모든 이방의 남은 자**』(12절)를 차지할 것이다. 결국 "이방인들"도 "다윗의 왕국," 곧 "메시아 왕국"의 "빛" 아래로 들어와, "메시아"의 "빛" 아래에서 영원한 복을 누리게 되는 것이다.

■ 새롭게 깨달았거나 적용할 내용이 있다면 적어 보세요. ■

MEMO

그렇다면 "성경의 예언," 특히 "아모스의 예언"이 문자 그대로 이루어질 것이라고 믿는 성도들은 무엇을 해야 하는가? ❶ 우선 자기 자신의 구원의 확신을 점검해야 한다. 구원받은 것이 확실하지 않다면, 지금이라도 예수 그리스도를 믿고 영접해야 한다(롬 10:9,10, 요 1:12). ❷ 다음으로 정신을 차리고 깨어 있는 가운데, "사탄"과 "육신"과 "세상"에 대항하여 맞서 싸우고, 모든 "죄"와 "거짓 교리"로부터 온전히 성별해야 한다(벧전 5:8). ❸ 셋째, 예수 그리스도의 재림을 간절히 고대해야 한다(벧후 3:12,13). ❹ 넷째, 재림을 기다리는 것을 싫증나게 하는 모든 것들로부터 피해야 한다. ❺ 다섯째, 세상에 집착하며 살아서는 안 된다(요일 2:15, 눅 21:34). ❻ 여섯째, 성경을 부지런히 읽고 묵상하며 공부하고 믿고 실행함으로써 믿음을 성장시키고 믿음의 진전을 이루어야 한다(눅 18:8). ❼ 마지막 일곱째로, 열정을 가지고 그리스도의 복음을 전파해야 한다. 예수 그리스도의 재림이 지체되는 것 같다는 생각으로 "성경대로 믿는 그리스도인으로서의 생활"을 흐트러뜨리지 말아야 한다. "만왕의 왕" 이신 주 예수 그리스도께서는 이제 곧 반드시 오실 것이다! 그렇게 확신하고 대비하며 사는 것이 "가장 잘 사는 길"임을 잊지 말아야 한다.

MEMO

■ 새롭게 깨달았거나 적용할 내용이 있다면 적어 보세요. ■

NOTES

■ 추천도서 ■

소선지서 I·II

피터 S. 럭크만 지음 / I권 512쪽 25,000원 / II권 608쪽 35,000원

소선지서는 구약 예언의 정수와 같은 책들이다. 선지자들은 배교한 당시의 이스라엘과 유다를 책망하며, 그들의 멸망을 예언하는 가운데 메시아에 관한 많은 사항들을 예언했다. 초림과 재림을 넘나드는 예언 속에서 성경의 주제인 왕국, 즉 하나님께서 통치하시는 신정통치 왕국의 교리를 정확히 알게 되며, 또 이 땅을 향한 하나님의 뜻과 계획을 분명히 알게 된다.

죽음의 재 같은 땅 이스라엘

피터 S. 럭크만 지음 / 520쪽 / 25,000원(eBook 17,500원)

이스라엘은 어떤 나라인가? 성경의 중심임에도 불구하고 그 민족은 이 세상에서 철저히 버림받아 왔다. 그들은 하나님의 백성이었기 때문에 이방인들에게 고난을 당했고, 또 그들의 왕을 거절했기 때문에 세상 가운데서 고난을 당했다. 하지만, 이스라엘은 여전히 역사의 중심이다. 이 책은 이스라엘의 모든 것들을 제시한다. 이스라엘과 연관되어 이처럼 정확하게 제시한 책은 일찍이 없었다.

이스라엘의 회복

피터 S. 럭크만 지음 / 48쪽 / 3,000원(eBook 2,100원)

하나님께서는 이스라엘을 영적으로 뿐만 아니라, 민족적으로도 회복시키실 것이다. 이스라엘을 민족적으로 팔레스타인으로 돌아가게 하시며, 또한 하나님의 백성 이스라엘을 대적하는 민족들을 심판하실 것이다. 이 책은 성경에 예언된 이스라엘의 민족적인 회복을 설명해 준다.

예수 그리스도의 재림

클리렌스 라킨 지음 / 128쪽 / 5,000원(eBook 3,500원)

새벽별은 아침을 알리는 전령이다. 예수 그리스도께서는 빛나는 새벽별이시다(계 22:16). 주님께서는 휴거 때 오셔서 교회를 데려가시는 새벽별이시며(벧후 1:19), 재림 때에는 교회와 함께 땅에 내려오셔서 다스리시는 의의 태양이시다(말 4:2). 우리는 지금 역사의 제4경점에 와 있으며, 이제 곧 새벽별이 나타나시면 교회는 들림받고, 그 뒤 대환란이 있고 나면 천 년의 날을 밝히려고 의의 태양께서 오실 것이다.

솔로몬 성경공부 시리즈

아모스

하나님을 만날 준비를 하라

초판인쇄 2026년 1월 7일
초판발행 2026년 1월 9일
지 은 이 / 편 집 부
발 행 인 / 박 승 용
발 행 처 / 말씀보존학회
출판등록 / 제409-2022-000036호
주　　소 / 서울 강서우체국 사서함 제90호
전　　화 / (02) 2665 - 3743
팩　　스 / (02) 2665 - 3302
인 터 넷 / www.biblemaster.co.kr

값 10,000 원